Übergewicht und
seine seelischen Ursachen

Doris Wolf

Übergewicht und
seine seelischen Ursachen

Wie Sie mit Genuß essen und trotzdem
ohne Diäten auf Dauer schlank werden können

Die Deutsche Bibliothek - CIP-Einheitsaufnahme

Wolf, Doris
Übergewicht und seine seelischen Ursachen : wie Sie mit Genuß
essen und trotzdem ohne Diäten auf Dauer schlank werden
können / Doris Wolf. - 10. Aufl. - Mannheim : PAL, 1996
    ISBN 3-923614-09-8

Druck: C. Bockfeld, Neustadt

Die Ratschläge dieses Buches sind von der Autorin
und vom Verlag sorgfältig geprüft. Autorin und Verlag
können jedoch keine Garantie geben und schließen
jede Haftung für Personen-, Sach- und Vermögens-
schäden aus.

Inhalt

Einleitung

Sie werden in diesem Buch keine revolutionäre Diät vor-finden. Die Erfahrungen aus meinen Übergewichtskursen und aus den Einzeltherapien in meiner psychotherapeutischen Praxis zeigten mir, daß die Diät für die meisten Menschen kein Weg zum dauerhaften Wunschgewicht ist. Ich nehme an, daß das auch auf Sie zutrifft. Wenn Sie schon eine erfolgreiche Diät für sich gefunden hätten, würden Sie sich wahrscheinlich nicht mit diesem Buch beschäftigen.

Sie werden in diesem Buch zunächst einmal mehr über sich erfahren. Sie werden Gelegenheit haben, zu erkennen, weshalb Sie sich überessen. Jeder übergewichtige Mensch hat seine ganz persönlichen Gründe, weshalb er zum Essen greift. Ohne das Wissen um diese Gründe können Sie Ihr Gewichtsproblem nicht dauerhaft und erfolgreich bewältigen.

Danach werde ich Ihnen im Baustein I das Geheimnis natürlich-dünner Menschen verraten. Das Wissen, wie man übergewichtig wird und bleibt, haben Sie sich bereits angeeignet. Sie benötigen jetzt das Wissen, wie man natürlich-dünn wird und bleibt.

Da die meisten Menschen mit Gewichtsproblemen häufig dann essen, wenn Sie sich unwohl und unglücklich fühlen, erfahren Sie im Baustein II, woher Ihre negativen Gefühle kommen und wie Sie diese verändern können.

Sie werden lernen, wie Sie sich mehr akzeptieren und Ihre Angst vor Ablehnung überwinden können. Ferner können Sie lernen, Ihren Ärger über andere und Ihre Schuldgefühle abzubauen.

Da ich weiß, daß zu jedem Neulernen auch Rückschläge gehören, habe ich diesem Thema ein eigenes Kapitel gewidmet. Dort erfahren Sie, wie Sie einen Rückfall gut überstehen können, ohne voller nagender Selbstzweifel darin steckenzubleiben.

Schließlich werden Sie in einem weiteren Kapitel Gelegenheit haben, sich mit Ihren Lebenszielen zu beschäftigen. Häufig nehmen sich Menschen mit Gewichtsproblemen wenig oder keine Zeit, um Ihre Fähigkeiten zu entfalten. Wie man so schön sagen könnte: Sie sehen vor lauter Übergewicht das Leben nicht.

Am Ende des Buches werden Sie die Fähigkeiten haben, Ihr dauerhaftes Wunschgewicht und mehr Zufriedenheit und innere Harmonie zu erreichen. Geben Sie sich die Chance, bis dahin zu gelangen. Sie haben es verdient.

Ich werde Sie, soweit es mir durch das Buch möglich ist, behutsam dahin begleiten. Aber ich benötige Ihre Hilfe dazu, denn das Lesen des Buches allein bringt keinen Erfolg. Sie müssen sich täglich damit beschäftigen, um Ihr Ziel zu erreichen.

Sind Sie bereit?

Auf den folgenden Seiten machen Sie die spannendste Reise, die Sie jemals gemacht haben - eine Reise durch Ihre Lebensgeschichte und Ihre Erfahrungen.

Den Beginn der Reise und den Verlauf bis zu dem Zeitpunkt, zu dem Sie gerade diese Seite des Buches aufgeschlagen haben, haben Sie schon erlebt. Das Ende der Reise ist noch offen. Aber eines ist gewiß: Sie können das weitere Ziel der Reise selbst bestimmen.

Was Sie bis jetzt in Ihrem Leben erlebt haben, können Sie in Gedanken noch einmal nachvollziehen. Für die weitere Planung Ihrer Reise ist es gut, zu wissen, warum Sie gerade diese Reise gewählt haben.

Sie hatten einen Grund, die Reise so zu gestalten, auch wenn Ihnen dieser Grund im Augenblick nicht mehr in Erinnerung ist. Sie standen an vielen Kreuzungen und haben entschieden, welchen Weg Sie gehen wollten.

Sie haben sich bis jetzt in Ihrem Leben für Ihr Gewicht entschieden. Sie hatten Gründe dafür, sich dieses Gewicht zu verschaffen. Machen Sie sich offen, diese Gründe aufzuspüren und sie sich bewußt anzuschauen. Dann können Sie das Ziel Ihrer Reise neu bestimmen und nach Ihrem Belieben verändern. Sie können Ihr Wunschgewicht als neues Reiseziel wählen.

Wie Sie von Ihrem Standort zu Ihrem neuen Ziel kommen, erfahren Sie in diesem Buch.

Lesen Sie das Buch zunächst einmal wie einen Reiseprospekt im ganzem durch, um sich einen Überblick zu verschaffen. Dann beginnen Sie von vorne und arbeiten sich systematisch Kapitel für Kapitel durch.

Als kleine Hilfe habe ich die wichtigsten Erkenntnisse und Aussagen mit dem Zeichen markiert.

Kritische Einwände und gefährliche Klippen erkennen Sie an diesem Zeichen: [Halt!]

Im Anschluß an die einzelnen Kapitel habe ich Übungen angeführt, die Ihnen dabei helfen sollen, sich besser kennenzulernen und Ihr dauerhaftes Wunschgewicht zu erreichen.

Kapitel 1

Diäten wirken nicht

Herzlichen Glückwunsch zu Ihrem Entschluß, sich bewußt mit sich, Ihrem Körper und den seelischen Ursachen Ihres Übergewichts zu befassen. Sie sind auf dem richtigen Weg! Sie sind auf dem Weg zu mehr Genuß, Freude und Zufriedenheit in Ihrem Leben. Ja, Sie haben richtig gelesen. Ich möchte Ihnen einen Weg aufzeigen, wie Sie mit mehr Genuß essen und dennoch Ihr Wunschgewicht erreichen u n d halten können.

Kennen Sie die Erfahrung, sich ständig darum zu sorgen, was Sie essen dürfen und was nicht, um nicht zuzunehmen?

Kennen Sie die Hoffnung beim Erscheinen jeder neuen Diät, jetzt d i e ideale Lösung für Ihr Übergewicht gefunden zu haben?

Kennen Sie die Erfahrung, sich wochenlang mit Eiern, Kartoffeln oder gar nur Wasser zu begnügen, Abführmittel und Appetitzügler zu schlucken, um danach doch wieder zuzunehmen?

Kennen Sie die Erfahrung, einen Salatteller zu essen, während andere ein saftiges Steak mit Pommes-frites genießen?

Kennen Sie die Erfahrung, nachts heimlich an den Kühlschrank zu schleichen, um das zu essen, was Sie sich tagsüber eisern verboten haben?

Kennen Sie die Erfahrung, in einem Freßanfall wahllos alles in sich hineinzuschlingen, um danach voller Groll und Schuldgefühle über das eigene Fehlverhalten zurückzubleiben? Kennen Sie die Erfahrung, permanent mit einem Gefühl des Versagens umherzulaufen?

Dann haben Sie schon eine Menge Erfahrungen mit der Wirksamkeit und den Folgen von Diäten gesammelt.

Fassen wir sie zusammen: DIÄTEN WIRKEN NICHT. Bestenfalls helfen sie Ihnen, kurzfristig an Gewicht zu verlieren. Diäten sind jedoch keine dauerhafte und schon gar nicht gesunde Art, um Ihr Wunschgewicht zu halten.

In diesem Programm möchte ich Ihnen deshalb keine neue Diät vorstellen. Wissenschaftliche Untersuchungen haben gezeigt, daß nur eine von 200 Personen durch eine Diät erreicht, was sie erreichen möchte: nämlich abzunehmen und den Erfolg zu halten. Diäten gehen davon aus, daß die Art und Menge der Nahrungsmittel das Hauptproblem der Übergewichtigen sind. Demnach muß der Einzelne nur weniger oder kalorienarme statt kalorienhaltige Speisen essen und schon ist das Problem Übergewicht gelöst.

Aber Diäten sind in Wirklichkeit die besten Methoden, Gewicht zu gewinnen. Diäten machen aus normalen Essern Menschen, die Angst vor dem Essen haben. Das Essen wird zum Feind Nummer 1 im Leben. Vor Beginn der Diät ißt der Übergewichtige* noch einmal alles, was er in Zukunft nicht mehr essen darf.

Er ißt quasi seine Henkersmahlzeit. Dann beginnt er, das Essen in ‚du darfst' und ‚, du darfst nicht' - Kategorien einzuteilen. Was zählt, sind die Anzahl der Kalorien und ob es die Diät erlaubt. Seine ersten Gedanken beim Aufwachen am Morgen sind: „Wie kämpfe ich heute dagegen an, nichts zu essen, was mich dick macht?'' All seine Gedanken kreisen um

---

* Ich werde im folgenden Text immer von ‚dem Übergewichtigen' sprechen. Darunter verstehe ich weibliche und männliche Menschen mit Übergewichtsproblemen.

das Essen. Ißt er kalorienarmes ‚erlaubtes' Essen, hat er häufig kaum Genuß und Befriedigung.

Deshalb ißt er dann meist doppelt soviel davon. Gleichzeitig denkt er permanent an ‚du darfst nicht-Speisen' und kämpft gegen sein Verlangen an. Die ersten Tage gewinnt er den Kampf. Dann fängt er an zu schummeln, bis er schließlich einen Freßanfall bekommt und alles ‚Verbotene' in Übermengen und Windeseile in sich hineinstopft. Er ißt, um das Versäumte aufzuholen und einen Vorrat anzulegen. Während dieses Anfalls und danach empfindet er massive Schuldgefühle und einen Groll gegen sich selbst. An Genuß des Essens ist nicht zu denken.

Nach dem Freßanfall sieht sich der Übergewichtige als Versager und nimmt sich vor, noch mehr Kontrolle über sein Eßverhalten auszuüben. Er kennt nur zwei Alternativen: die Diät oder das zwanghafte Essen, bei dem er sich ohne jegliche Kontrolle erlebt.

Das Problem der Diäten ist, daß andere bestimmen, was, wieviel und wann Sie etwas essen sollen. Die Diät wird zu einem Stück Papier mit Macht über Ihr Leben. Sie lernen, daß Sie sich nicht auf Ihren Körper und Ihre Kontrolle verlassen können. Aber was wissen Diätexperten schon, wann und worauf Sie gerade heute Appetit haben?

Die Diätmentalität

In unserer Gesellschaft werden Diäten häufig als das einzige Mittel angesehen, um abzunehmen. Es existieren ganz charakteristische Einstellungen gegenüber Diäten, die ich als Diätmentalität bezeichnen möchte.

Diese Einstellungen halten Übergewichtige davon ab, ihr Gewicht auf Dauer zu reduzieren, und lassen sie sich als Versager fühlen. Einige Einstellungen zu Diäten habe ich im folgenden aufgeführt. Schauen Sie nach, ob Sie auch Ihre Einstellungen darunter entdecken:

1. „Bestimmte Speisen machen fett. Deshalb muß ich diese meiden". „Nur kalorienarme Speisen sind gut und erlaubt".

Wenn Sie so denken, übersehen Sie, daß die Speisen nicht das eigentliche Problem sind, sondern die Art, sie zu essen. Jede Speise kann mit der Zeit zu Übergewicht führen, wenn sie in Unmengen gegessen wird, oder wenn man ißt, obwohl man keinen Hunger hat. Im Grunde genommen ist eine Speise als solche weder gut noch schlecht.

2. „Dick zu sein, ist schlecht, und dünn zu sein, gut. Erst wenn ich dünn bin, bin ich liebenswert, attraktiv und erfolgreich".

Diese Einstellung führt Sie dazu, eine Diät zu machen, um dünn und attraktiv zu werden. Erst dann, wenn Sie dünn sind, können Sie sich akzeptieren. Wiederholte Mißerfolge führen zu immer größerer Selbstabwertung und Ablehnung.

[Halt!] Sich solange abzulehnen, bis man dünn ist, ist meist eine Garantie, dick zu bleiben. Selbstablehnung führt nämlich zu Anspannung und Unzufriedenheit und diese führen bei Übergewichtigen meist zum Essen.

3. „Andere wissen besser als ich, was ich essen darf".

Wenn Sie so denken, geben Sie den Diätexperten Macht über Ihr Eßverhalten und gleichzeitig auch die Verantwortung für Ihren Erfolg oder Mißerfolg. Sie gehen nach der Diät und nicht nach dem, was Ihnen schmeckt. Tatsächlich sind Sie jedoch der Einzige, der dafür verantwortlich ist, was in seinen Mund gelangt. Sie sind der Einzige, der für Erfolg und Mißerfolg verantwortlich ist.

4. „Ich bin ein Versager".

Wenn Sie eine Diät befolgen, passiert meist folgender Kreislauf:

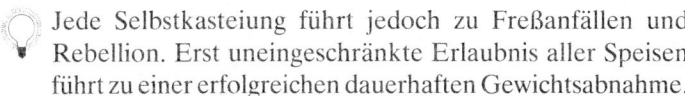

Ärger über sich selbst,   Diät →   (im günstigsten Fall) Abnehmen
Schuld- und Versagergefühle   ↓

        Gewichtszunahme ← Ende der Diät

Die meiste Zeit verbringen Sie damit, sich mit dem Essen
zu beschäftigen; was Sie essen dürfen, was nicht, wieviel Sie
heute zu/abnehmen, wieviele Kalorien im Essen enthalten sind,
usw. . . . Sie beginnen, sich selbst zu hassen, weil Sie nach jeder
Diät wieder zunehmen.

5. „Selbstkasteiung"

Sie sind der Meinung, daß Sie nicht das essen dürfen, was
Sie gerne essen möchten. Gewichtszunahme ist nur durch
Selbstverzicht und Bestrafung möglich.

Jede Selbstkasteiung führt jedoch zu Freßanfällen und
Rebellion. Erst uneingeschränkte Erlaubnis aller Speisen
führt zu einer erfolgreichen dauerhaften Gewichtsabnahme.

6. „Je schneller, desto besser"

Sie sind der Meinung, eine Diät muß schnell zum Erfolg
führen. Wenn Sie erst einmal abgenommen haben, dann löst
sich das Problem von selbst. In Wirklichkeit jedoch ist jede
Blitz-Diät schädlich für den Organismus. Nicht erfolgreiche
Schlankheitskuren führen zu erhöhtem Übergewicht. Zudem
ist ohne eine Lösung der Ursachen des Übergewichts der
Rückfall vorprogrammiert.

7. „Das Gewicht ist das Problem, nicht die Ursachen dahinter".

Wenn Sie diese Einstellung haben, werden Sie von einer
Diät zur anderen wechseln. Günstigstenfalls werden Sie während der Diät abnehmen. Nach Ende der Diät werden Sie
jedoch alles oder sogar noch mehr zunehmen. In Wirklichkeit

ıst Ihr Gewicht nicht Ihr Hauptproblem. Ihr Gewicht ist lediglich die Folge Ihres Eßverhaltens. Sie essen in Situationen,
in denen normalgewichtige Menschen nicht zum Essen greifen.

8. „Ich halte eine zeitlang Diät, bis ich schlank bin, dann kann
    ich wieder ‚normal‘ essen‘‘.

Diese Einstellung führt zwangsläufig zum Mißerfolg, denn
Normalessen bedeutet für den Übergewichtigen, alles zu tun,
um wieder zuzunehmen. Normalessen bedeutet für ihn, in
Situationen zu essen, in denen normalgewichtige Menschen
nicht essen. Es bedeutet, mehr zu essen, als der Körper benötigt.

 Für die meisten Menschen funktionieren Diäten nicht.
Diäten lehren Sie, zu essen, was Sie nicht mögen, und
vorzugeben, es zu mögen. Sie helfen Ihnen nicht, zu erkennen, wann Sie wirklich hungrig und wann Sie befriedigt
sind. Sie lehren Sie nicht, genau das zu bekommen und zu
genießen, was Sie möchten. Sie lehren Sie nicht, die Ursachen Ihres Übergewichts dauerhaft zu beseitigen.

Schauen Sie einmal bei sich nach: Glauben Sie noch, daß
Sie eines Tages die ‚wahre‘ Diät finden werden, die wirklich
funktioniert? Glauben Sie, daß Sie eines Tages mehr Willenskraft haben werden, um eine Diät durchzuhalten? Wenn ja,
dann kann Ihnen dieses Buch nicht weiterhelfen.

Was Ihnen dieses Buch geben kann

Dieses Programm geht von der Tatsache aus, daß Sie
einzig und allein in jedem Moment Ihres Lebens Verantwortung
für sich haben. Sie haben in jedem Moment Ihres Lebens die
Fähigkeit, sich zu verändern. Sie essen im Augenblick mehr,
weil Sie sich selbst dazu bringen. Ihre Einstellungen sind verantwortlich für Ihr Eßverhalten. Sie haben jetzt schon die
Fähigkeit in sich, ohne neue Zauberdiät Ihr Wunschgewicht
zu erreichen.

Nur deshalb kann ich Ihnen in diesem Buch vermitteln:

* das Essen zu genießen und nicht als Feind zu betrachten,
* Freundschaft mit Ihrem Körper zu schließen,
* die Freiheit, darüber zu entscheiden, ob Sie etwas essen wollen oder nicht – ohne Schuldgefühle,
* alle Speisen als ‚du darfst-Speisen anzusehen und trotzdem Ihr Wunschgewicht zu erreichen,
* zwischen körperlichem Hunger und seelischem Verlangen zu unterscheiden,
* die Macht Ihrer Einstellungen auf Ihr Verhalten und Ihre Gefühle zu erkennen.

Eines der schlimmsten Dinge der Diätmentalität ist, daß Sie ermutigt werden, sich und Ihren Körper zu hassen.

Ich möchte Sie einladen, sich selbst zu akzeptieren. Es ist Zeit, daß Sie sich als der wunderbare Mensch behandeln, der Sie sind – und zwar j e t z t schon.

Alles, was Sie bis jetzt in Ihrem Leben getan haben, hatte für Sie einen bestimmten Sinn und eine bestimmte Aufgabe. Auch Ihr Gewicht ist genau so, wie es für Sie notwendig war in der Vergangenheit. Sie haben sich in der Vergangenheit für Ihr Gewicht entschieden. Sie haben Ihren Körper quasi wie ein Bildhauer gestaltet. Sie haben bewußt oder unbewußt alles getan, um ihn so zu modellieren. Ist es dann sinnvoll, sich dafür zu verurteilen?

Lassen Sie uns in den nächsten Kapiteln nach den Gründen suchen, weshalb Ihr Gewicht für Sie notwendig war und weshalb Sie es sich geschaffen haben.

Kapitel 2

Das ABC der Gefühle

Sie haben sich in der Vergangenheit für Ihr Gewicht entschieden. Sie haben Ihren Körper wie ein Bildhauer gestaltet.

Sie haben richtig gelesen: Alles, was Sie bis jetzt in Ihrem
Leben erreicht haben - auch ihr Körpergewicht - haben Sie
selbst geschaffen. Alles, was Sie bis jetzt gefühlt und getan
haben, war für Sie wichtig und notwendig.

Die Erklärung hierfür liegt in Ihnen selbst. Auch wenn
Sie diesen Gedankengang jetzt nicht sofort verstehen oder
Einwände haben, verwerfen Sie ihn bitte nicht gleich.

 Nur dann, wenn Sie die volle Verantwortung für Ihr
Denken, Fühlen und Handeln übernehmen, haben Sie eine
Chance, in Ihrem Leben grundlegend etwas zu verändern.
Nur wenn Sie akzeptieren, daß Sie Ihr Übergewicht selbst
geschaffen haben, können Sie es auch abbauen und Ihr
Wunschgewicht erreichen.

Zunächst einmal ist Ihr Übergewicht nicht auf einmal
entstanden, sondern ist die Folge unendlich vieler Entschei-
dungen, mehr zu essen, als Ihr Körper benötigt. Ihr Übergewicht ist lediglich die Folge eines selbstschädigenden Eßverhaltens. Sie haben mehr gegessen, als Sie zum Leben benötigten.

Sie haben in Situationen gegessen, in denen Sie keinen wirklichen Hunger, sondern ein seelisches Verlangen hatten.

Sie waren und sind der Initiator Ihres Verhaltens, auch wenn Sie sich dessen nicht immer voll bewußt sind.

Menschliches Verhalten entsteht in jedem Augenblick des Lebens nach dem ‚ABC der Gefühle'.

Das ABC der Gefühle

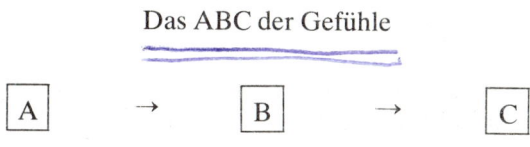

A   →   B   →   C

Sie nehmen etwas wahr, (sehen, hören, riechen, schmecken etwas).	Sie bewerten das Ereignis als positiv, negativ oder neutral.	Sie haben ein bestimmtes Gefühl und zeigen ein bestimmtes Verhalten.

Die zwei Schritte A und B sind notwendig, damit unsere Gefühle und unser Verhalten entstehen.

Unter B verstehen wir unsere Gedanken, unser inneres Selbstgespräch, das wir ununterbrochen führen. Im folgenden werden ich von Gedanken, Einstellungen oder auch Programm sprechen.

Unser inneres Selbstgespräch ist vergleichbar mit einer Gebrauchsanweisung. Wir denken zunächst in unserem Kopf, was wir tun wollen, und dann erst können wir es auch tun.

Meistens achten wir nicht auf unsere Gedanken, sondern nur auf unsere Gefühle und unser Verhalten. Folge davon ist, daß wir den Eindruck haben, ein bestimmtes Ereignis oder eine bestimmte Person hat Macht über unsere Gefühle.
Äußerungen wie:

„Der verletzt mich",
„Das kränkt mich",
„Das bringt mich auf die Palme",
„Das kann ich nicht ertragen", sind Ihnen sicher bekannt.

In Wirklichkeit ist es so, daß kein anderer Mensch und keine Situation über unsere Gefühle und unser Verhalten bestimmen können. Wir können aber auch nicht über die Gefühle und das Verhalten anderer bestimmen.

Es gibt eine einzige Ausnahme:

Dann, wenn andere körperliche Gewalt gebrauchen, können sie bei uns körperlichen Schmerz hervorrufen. Aber schon über den seelischen Schmerz, wieviel es uns ausmacht, bestimmen wir wieder selbst.

Nur dadurch, daß wir selbst durch unsere Gedanken bestimmen, wie wir uns fühlen und verhalten, ist erklärbar, warum sich Menschen in ein und derselben Situation unterschiedlich fühlen und verhalten. Würde die Situation unsere Gefühle bestimmen, müßten sich immer alle in der gleichen Situation gleich verhalten.

Unsere alte Auffassung, daß die Situation oder andere bestimmen, wie es uns geht, hat einen Vorteil. Wir können sagen: „Es muß sich lediglich der andere oder die Situation ändern, dann geht es mir wieder gut".

Aber unsere alte Auffassung hat einen noch viel wesentlicheren Nachteil: Wenn die Situation sich nicht verändern läßt oder der andere sich nicht ändert, gibt es für uns keine Chance, uns jemals besser zu fühlen. Wir fühlen uns anderen ausgeliefert und hilflos.

Lassen Sie uns ein Beispiel zum ABC der Gefühle anschauen:

A   die Situation ist:
      Sie sitzen in einer geselligen Runde zusammen in einem Lokal. Sie haben die Speisekarte vor sich und wollen etwas zu essen auswählen.

B   Sie denken:
      Ich habe eigentlich Lust auf einen Rinderbraten mit Klößen. Aber die anderen werden denken: „Die hat es nötig, so

was zu essen. Von nichts, kommt nichts". Sie werden mich als verfressen ansehen. (negative Bewertung)

C Sie fühlen und verhalten sich:
Sie fühlen sich unsicher und angespannt und bestellen einen Salatteller.

Ihr Verhalten in diesem Beispiel ist vollkommen verständlich, wenn wir Ihre Gedanken anschauen. Bei diesen Gedanken müssen Sie sich unwohl fühlen und dürfen keinen Rinderbraten bestellen. Sie könnten sich in genau der gleichen Situation jedoch auch anders fühlen und verhalten, nämlich so:

A die Situation ist:
Sie sitzen in einer geselligen Runde zusammen in einem Lokal. Sie haben die Speisekarte vor sich und wollen etwas zu essen bestellen.

B Sie denken:
Ich bestelle mir einen Rinderbraten mit Klößen. Darauf habe ich Lust. Die anderen dürfen darüber denken, was sie wollen. Den Braten bekomme ich sonst nicht so oft. (neutrale Bewertung)

C Sie fühlen und verhalten sich:
Sie fühlen sich ruhig und bestellen den Rinderbraten.

Es gibt noch eine 3. Möglichkeit, wie Sie sich in dieser Situation verhalten könnten:

A die Situation ist:
Sie sitzen in einer geselligen Runde zusammen in einem Lokal. Sie haben die Speisekarte vor sich und wollen etwas zu essen auswählen.

B Sie denken:
Mensch toll, den Rinderbraten habe ich mir verdient. Darauf habe ich jetzt richtig Appetit. (positive Bewertung)

21

C   Sie fühlen und verhalten sich:
    Sie fühlen sich freudig und gespannt und bestellen den
    Rinderbraten.

Auch in diesem Beispiel sind Ihre Gefühle und Ihr Verhalten die verständliche und notwendige Folge Ihrer Gedanken.

Das menschliche Verhalten folgt, wenn keine Hirnschädigung oder Drogeneinfluß vorliegt, immer dem ABC der Gefühle.

Sie bestimmen durch Ihr Denken, wie Sie sich fühlen und
verhalten.

[Halt!] Vielleicht werden Sie jetzt an dieser Stelle Widerspruch
anmelden und sagen: „Bestimmte menschliche Eigenschaften sind aber doch angeboren. Außerdem fühlt und
verhält man sich in bestimmten Situationen einfach spontan, ohne überhaupt etwas zu denken!"

Woher kommen unsere Gedanken?

Lassen Sie uns einmal zurückgehen bis zu den ersten Tagen
Ihres Lebens. Als Sie geboren wurden, wußten Sie nicht, was
gut und schlecht ist, was man tun darf und was nicht, was gesund
und ungesund ist, usw. Sie lebten einfach und sammelten Ihre
ersten Erfahrungen dadurch, wie Ihre Eltern sich Ihnen gegenüber verhielten und auf Sie eingingen.

Mit der Entwicklung der Sprache lernten Sie von den
Eltern, Lehrern und später auch anderen Menschen, die Ereignisse in gute und schlechte, angenehme und unangenehme,
gefährliche und ungefährliche einzuordnen. Die Eltern bestraften Sie und sagten: „Du bist ein böses Kind", oder „Das darf
man nicht", wenn Sie sich nach ihrer Meinung falsch verhalten
hatten. Sie bestraften Sie nicht, belohnten Sie oder sagten:
„Das hast Du gut gemacht", wenn Sie sich nach ihrer Meinung
richtig verhielten. Um Lob und Zuwendung zu erhalten, verhielten Sie sich nach den Wünschen und Regeln der Eltern.

Erziehungsziel der Eltern war es, Ihnen so oft zu sagen, was gut und schlecht ist, was man tun darf und was nicht, bis Sie es sich schließlich selbst sagten. Im Laufe Ihrer Entwicklung richteten Sie sich nach den Wünschen der Eltern, ohne daß diese Sie ermahnen und erinnern mußten. Sie hatten Ihr Programm erlernt. Die meisten Gebote Ihrer Eltern waren in Ihrem inneren Selbstgespräch gespeichert. Entschieden Sie sich, sich nicht nach den Wünschen der Eltern zu richten, bekamen Sie zumindest ein schlechtes Gewissen und Schuldgefühle.

Wenn Ihre Eltern Sie in Ihrer Kindheit sehr selten gelobt und umarmt, aber sehr häufig getadelt oder geschlagen hatten, konnten Sie zu der Einstellung gelangen: ,,Ich bin nicht gut. Ich bin dumm, unfähig, etc.''. Wenn diese Einstellung erst einmal Bestandteil Ihres inneren Selbstgespräches ist, brauchen Sie Ihre Eltern nicht mehr dazu. Sie selbst sagen sich diese Gedanken dann auch als Erwachsener.

Sie lernten in Ihrer Kindheit nicht nur das, was die Eltern Ihnen bewußt und laut vermittelt haben. Sie konnten sich bei den Eltern auch abschauen, wie diese ihr eigenes Leben gestalteten. Waren Ihre Eltern ängstlich darauf bedacht, bei der Verwandschaft und den Nachbarn gut dazustehen? Waren Ihre Eltern kontaktarm? Griff Ihr Vater oder die Mutter zur Flasche oder Schokolade, wenn es ihr/ihm schlecht ging? Reagierte die Mutter mit Tränen, wenn Sie nicht brav waren? Reagierte Ihr Vater wütend, wenn Sie wütend waren? War Ihr Vater durch Kleinigkeiten aus der Ruhe zu bringen? Machte sich Ihre Mutter beständig Sorgen, daß Ihnen etwas zustoßen könnte? Dann ist die Chance sehr hoch, daß Sie genauso wie Ihre Eltern reagieren. Oder aber Sie reagieren genau entgegengesetzt, um nicht so zu sein wie Ihre Eltern.

In der Umgangssprache sagt man häufig: ,,Er kommt ganz nach der Mutter. Ganz der Vater'', ,,Das hat sie vom Vater mitbekommen''.

Sofern es nicht körperliche Merkmale sind, haben wir unsere Eigenschaften und Eigenheiten zum überwiegenden Teil nicht vererbt bekommen, sondern erlernt.

Unsere Eltern haben uns bestimmte Verhaltensweisen tausende Male vorgeführt und wir haben sie nachgeahmt. Als Kinder konnten wir nicht beurteilen, ob eine Verhaltensweise für uns sinnvoll und gut ist. Wir konnten nicht zwischen vielen möglichen Verhaltensweisen wählen, sondern ahmten diejenigen nach, die uns unsere Eltern vorgelebt haben.

Wir wiederholten diese so oft, bis wir sie als zu uns gehörig ansahen. Wir betrachteten sie als unsere eigenen und die einzig Möglichen. Sie sind uns vertraut und erscheinen uns als angeboren. Ja, wir sind uns kaum noch irgendwelcher Gedanken bewußt. Wir brauchen nur noch in die gleiche oder eine ähnliche Situation zu kommen, in der wir die Verhaltensweise gelernt haben, und schon reagieren wir mit der erlernten Verhaltensweise. Uns wird dabei nicht mehr bewußt, daß wir uns etwas sagen und die Situation blitzschnell bewerten. Das Verhalten läuft scheinbar ganz automatisch ab und außer unserer Kontrolle.

Sie haben deshalb Recht, wenn Sie sagen, daß Sie in bestimmten Situationen reagieren, ohne bewußt etwas zu denken. Ihr Denken oder inneres Selbstgespräch läuft automatisch ab. Es ist jedoch vorhanden.

Ohne ein Signal oder Kommando durch Ihre Befehlszentrale, Ihr Gehirn kann Ihr Körper sich nicht gezielt verhalten. In jedem Augenblick Ihres Lebens arbeitet Ihr Gehirn. Es bewertet die Ereignisse anhand der gesammelten Erfahrungen aus der Vergangenheit als negativ, positiv oder neutral für Sie.

Bewertet es ein Ereignis als positiv bzw. gut, ungefährlich oder schön, bekommen Sie Gefühle der Freude, Begeisterung, Liebe, etc.

Bewertet es ein Ereignis als neutral, d. h. weder gut noch schlecht oder nicht wichtig, bekommen Sie Gefühle der Ruhe und Ausgeglichenheit.

Bewertet es ein Ereignis als negativ bzw. gefährlich, schlimm oder unerträglich, bekommen Sie Gefühle von Angst, Depression, Wut, etc.

Da Sie sich Ihres Denkens nicht mehr bewußt sind, scheint es, als ob Ihre Gefühle und Ihre Verhaltensweisen angeboren sind. Oder aber Sie haben den Eindruck, Sie seien von außen durch andere oder die Situation kontrollierbar. Das ist jedoch nicht der Fall.

 Sie haben Ihre Gefühlsreaktionen und Ihre Verhaltens-weisen erlernt und können diese auch wieder verlernen. Sie haben die Fähigkeit, Ihre Verhaltensweisen und Ge-fühlsreaktionen zu steuern.

Das Problem ist nur, daß Sie im Augenblick darin noch sehr wenig Übung haben. Deshalb haben Sie oft den Eindruck, keinen Einfluß darauf zu haben, wie Sie sich fühlen und ver-halten.

Sie allein bestimmen Ihr Verhalten und Ihre Gefühle durch Ihr erlerntes inneres Selbstgespräch. Wenn Sie Ihr Verhalten und Ihre Gefühle dauerhaft verändern wollen, müssen Sie sich Ihr Denken bewußt machen und es verändern.

 Auch Ihr Eßverhalten verläuft nach dem ABC der Gefühle. Ihr Eßverhalten ist erlernt, wenngleich die meisten Ihrer Gedanken, die Sie zum Essen veranlassen, heute unbe-wußt und automatisch sind.

Wenden wir das ABC der Gefühle auf Ihr Eßverhalten an, so kennen wir bis jetzt nur den C-Teil, Ihr Verhalten:

$$\boxed{A} \quad \rightarrow \quad \boxed{B} \quad \rightarrow \quad \boxed{C}$$

in welchen Situationen?   welche Gedanken?   welche Gefühle?
Verhalten: überessen

Wir wissen noch nicht, in welchen Situationen Sie essen. Wir wissen noch nicht, welche Gedanken und Gefühle Sie zum Überessen veranlassen.

Wir wissen bis jetzt nur, daß es für Sie offensichtlich trifftige

25

Gründe gibt, sich zu überessen; - denn sonst würden Sie Ihr dauerhaftes Wunschgewicht schon erreicht haben.

Übung

Nehmen Sie sich jetzt 10 Minuten Zeit für die folgende Übung. Sie soll Ihnen helfen, zu spüren, daß Sie sich für Ihr Gewicht entschieden haben.

Stellen Sie sich vor den größten Spiegel, den Sie zuhause haben. Sagen Sie sich folgenden Satz mehrmals l a u t :

„Ich, ... (Ihr Vorname), wiege .... kg und trage Kleidergröße ....''.

Sagen Sie den Satz laut, als ob Sie der Welt ein großes Geheimnis offenbaren wollten. Sagen Sie diesen Satz in der Überzeugung, daß Sie sich entschieden haben, Ihren Körper so zu erschaffen. Sie haben sich Ihr Gewicht aus einem gewichtigen Grund für sich selbst geschaffen. Auch wenn Ihnen die Gründe bisher noch unbewußt sind, haben einzig und allein Sie Ihren Körperumfang gewählt. Akzeptieren Sie ihn als Ihr eigenes Kunstwerk. Schauen Sie Ihren ganzen Körper im Spiegel mit den Augen an, als ob Sie eine wertvolle Skulptur im Museum betrachten würden. Sie sind der Bildhauer, der diese Skulptur geschaffen hat.

Begeben Sie sich nun mit mir auf die Reise, Ihre Gründe für Ihr Überessen zu finden. Die Gründe sind in Ihrem Kopf, in Ihrem inneren Selbstgespräch zu finden!

Kapitel 3

Warum bin ich übergewichtig?

Das Essen selbst hat wenig mit Ihrem Übergewicht zu tun. Es ist die Art und Weise, wie Sie das Essen benutzen, durch die Sie sich Ihr Übergewicht schaffen.

Die Erklärung der Übergewichtigen: „Wir essen soviel, weil wir halt das Essen lieben", ist keine ausreichende Erklärung für ihr Übergewicht. Dünne genießen das Essen genauso, wenn nicht noch mehr. Auch Stoffwechselstörungen spielen nur bei 1% der Übergewichtigen eine Rolle.

Es gibt keine andere Erklärung:
Essen selbst verursacht keine körperlichen Probleme, aber Essen hat eine enorme psychologische Bedeutung für uns.

Essen ist für Übergewichtige zu einer Art Zaubermittel geworden. Sie verwenden Essen, um seelische Probleme zu lösen, bzw. unangenehme Gefühle besser ertragen zu können.

Jeder Mensch hat seine eigene Strategie, wie er mit Enttäuschung, Angst, Ärger oder Langeweile, usw. umgeht. Einige Menschen benutzen Alkohol oder Tabletten, andere schlafen viel oder arbeiten exzessiv. Übergewichtige haben das Essen gewählt.

Halt! Seien Sie ehrlich zu sich, wenn Sie die folgenden Seiten lesen. Aber hüten Sie sich davor, sich zu bestrafen, weil Sie die eine oder andere Einstellung von sich wiedererkennen. In Ihrer Lebensgeschichte liegen die Gründe, warum Sie genau diese Einstellung entwickelt haben. Behandeln Sie sich liebevoll und verständnisvoll, auch wenn Ihnen nicht alles gefällt, was Sie über sich entdecken. Sie brauchen diese Erkenntnisse, um sich und Ihren Körper zu verändern. Akzeptieren Sie diese Erkenntnisse und loben Sie sich dafür, daß Sie sich auf die Entdeckungsreise eingelassen haben.

I Überessen als Folge seelischer Probleme

Allen Menschen ist das Hungergefühl angeboren. Unser Hungergefühl ist notwendig, um uns zu motivieren, etwas zu essen. Das Essen selbst führt zu einer Befriedigung und damit zu einem angenehmen Zustand, den wir immer wieder erreichen möchten.

Das erste Bedürfnis, welches wir in unserer Kindheit verspüren, ist Hunger. Unsere Eltern entscheiden, wann, was und wieviel sie uns füttern. Sie können häufig nicht unterscheiden, ob ihr Säugling schreit, weil er hungrig ist, sich ängstigt oder langweilt, ärgerlich oder traurig ist. Meist geben sie ihrem Kind, wenn es schreit, etwas zu essen; einmal aus der Angst heraus, sie könnten ihm zu wenig geben und etwas falsch machen, zum anderen aber auch, weil es dann ruhig ist. Dem Kleinkind etwas in den Mund zu schieben, gibt den Eltern das Gefühl: Wir sorgen für unser Kind. Ihm geht es gut. Auch Schuldgefühle der Eltern, zu wenig Zeit für das Kind zu haben, werden durch ein reichliches Essensangebot manchmal verringert.

Viele Eltern belohnen ihr Kind auch mit Süßigkeiten und bestrafen es damit, daß es keine Süßigkeiten bekommt. Sie benutzen Essen als ein Mittel, das Kind zu erziehen. „Wenn du brav bist, bekommst du ein Eis". Sie benutzen Essen, um Zuwendung und Anerkennung zu geben.

Kindliche Bedürfnisse nach Wärme, Aufmerksamkeit, sozialen Kontakten sowie sein Unwohlsein werden vielfach durch Essen befriedigt. Essen ist dann ein Ersatz für Gespräche, Spiele und Zärtlichkeit.

Das Kind lernt schließlich, Essen mit guten Gefühlen und ‚es geht mir dann besser' in Zusammenhang zu bringen. Es lernt, Essen als ein geeignetes Mittel zur Beruhigung und Ersatz für Zuwendung anzusehen. Es lernt, sich mit Essen zu belohnen, wenn es eine unangenehme Aufgabe erledigt hat. Es tröstet sich mit Essen, wenn es etwas Unangenehmes tun soll. Mit der Zeit wird Essen zu einer Ersatzbefriedigung für alle unbefriedigten Bedürfnisse.

Diese frühen Erfahrungen nimmt das Kind mit ins Erwachsenenalter. Versäumt es der Erwachsene, sich diese frühen Erfahrungen bewußt zu machen und sich geeignetere Strategien als Essen zuzulegen, wird er übergewichtig.

Ja, der Erwachsene m u ß übergewichtig werden, wenn er Essen als geeignetes Mittel zur ‚seelischen Manipulation' betrachtet, d. h. Essen einsetzt, um Gefühle zu beeinflussen.

Gefühle und Essen zu vermischen, ist gefährlich. Sie werden immer angenehme und unangenehme Gefühle haben, solange Sie leben. Wenn Sie bei jedem unangenehmen Gefühl zum Kühlschrank laufen, werden Sie zunehmen.

Wenn Sie beginnen, die Verknüpfung zwischen Essen und Gefühlen zu lösen, können Sie zwei Dinge erreichen:

1. Ihr Gewicht ist nicht mehr abhängig von Ihren Gefühlen.
2. Sie können sich Ihrer Gefühle bewußt werden und lernen, anders mit ihnen umzugehen.

Übungen

Nehmen Sie sich für folgende Übungen 20 Minuten Zeit. Sie sollen Ihnen helfen, herauszufinden, weshalb Sie essen und welche Lebensmittel aus Ihrer Kindheit besonders wichtig für Sie sind.

1. In welchen Situationen setzen Sie Essen als Mittel ein,
   um sich besser zu fühlen?
   Kreuzen Sie bei jeder Alternative die für Sie zutreffende
   Antwort ja oder nein an.

Ich esse / trinke,
1. wenn ich depressiv bin,   ja/nein
2. wenn ich ängstlich bin,   ja/nein
3. wenn ich ärgerlich bin,   ja/nein
4. wenn ich mich abgelehnt fühle,   ja/nein
5. wenn ich einsam bin,   ja/nein
6. wenn ich mich langweile,   ja/nein
7. wenn ich traurig bin,   ja/nein
8. wenn ich angespannt und aufgeregt bin,   ja/nein
9. wenn ich mich nicht leiden kann,   ja/nein
10. wenn ich glücklich bin,   ja/nein
11. wenn ich mich schuldig fühle,   ja/nein
12. wenn ich ausgelassen bin,   ja/nein
13. wenn ich gestreßt bin,   ja/nein
14. wenn ich Kummer habe,   ja/nein
15. wenn ich Streit mit meinem Partner habe,   ja/nein
16. wenn ich mich nicht ausgefüllt fühle,   ja/nein
17. wenn ich Mißerfolge habe,   ja/nein
18. wenn ich unangenehme Aufgaben vor mir habe,   ja/nein
19. wenn ich jemandem beweisen will, daß er nicht
    über mich bestimmen kann,   ja/nein
20. wenn ich mich belohnen will,   ja/nein

Schauen Sie sich nun noch einmal die Gründe an, warum
Sie überessen. Fragen Sie sich, ob Essen heute noch die geeignete Strategie ist, um mit diesen Gefühlen umzugehen.

2. Häufig haben wir ganz bestimmte Lebensmittel oder Speisen aus unserer Kindheit, die uns unsere Eltern als Belohnung, Trost oder bei besonderen Ereignissen gegeben
   haben. Als Erwachsene benutzen wir diese Lebensmittel
   unbewußt, um eine ähnliche Wirkung zu erzielen. Wir

essen diese Lebensmittel, um uns angenehmere Gefühle zu verschaffen. Schauen Sie einmal bei sich nach, welche Lebensmittel oder Speisen Ihnen einfallen.

Dies sind die Lebensmittel, die ich von meinen Eltern als Trost oder Belohnung erhalten habe:

———————————————————————————

———————————————————————————

———————————————————————————

II Überessen als Folge gesellschaftlicher Rituale

In unserer Gesellschaft gibt es bestimmte Sitten und gesellschaftliche Rituale, die mit dem Essen verknüpft sind.

Wir bekommen diese Sitten und Regeln in der Kindheit vermittelt. Wenn wir erwachsen sind, verhalten wir uns automatisch nach diesen, ohne uns darüber Gedanken zu machen.

Ich habe Ihnen im folgenden eine Liste solcher Regeln zusammengestellt.

Übungen

Nehmen Sie sich für die folgenden Übungen 10 Minuten Zeit. Sie sollen Ihnen helfen, herauszufinden, welche Essensregeln Sie in Ihrem Elternhaus erlernt haben.

1. Kreuzen Sie bei jeder Regel die für Sie zutreffende Alternative ja oder nein an.

1. Die Pflicht eines guten Gastgebers ist es,
   üppige Speisen und Getränke zu servieren.   ja/nein
2. Bei Einladungen muß man viel essen
   und auch essen, wenn es nicht schmeckt,
   um den Gastgeber nicht zu kränken.   ja/nein

3. Man muß seinen Teller leeressen, auch wenn man
   schon satt ist, um nicht als verschwenderisch oder
   herzlos in Anbetracht der Hungernden in der
   3. Welt zu gelten.   ja/nein
4. An Festtagen und zu Feierlichkeiten gehört es sich,
   viel zu essen.   ja/nein
5. Sich Essen zu gönnen, ist ein Zeichen von
   Reichtum, Luxus und guten Zeiten.   ja/nein
6. In Gesellschaft muß ich beim Essen mithalten,
   sonst mögen mich meine Freunde nicht mehr.   ja/nein
7. In einem Lokal muß man sich viel bestellen.   ja/nein
8. Bei großen Buffets und wenn es etwas umsonst gibt,
   muß man es ausnützen zu essen.   ja/nein
9. Man muß mindestens 3 gute Mahlzeiten pro Tag
   einnehmen.   ja/nein
10. Man muß zu einer bestimmten Uhrzeit essen.   ja/nein
11. Zu ganz bestimmten Tageszeiten gehören
    ganz bestimmte Speisen.   ja/nein
12. Man muß eine ganz bestimmte Figur haben,
    sonst ist man minderwertig und zählt nicht.   ja/nein
13. Wenn man keinen Appetit hat, muß man sich
    zum Essen zwingen, um nicht krank zu werden.   ja/nein
14. Nachtisch gibt es erst, wenn der Hauptgang
    gegessen ist.   ja/nein

2. Wurden Sie in Ihrem Elternhaus dafür belohnt,
   viel zu essen oder den Teller immer leer zu essen? ja/nein
   Wurden Sie bestraft, wenn Sie nicht oder wenig
   essen wollten?   ja/nein
   Wenn Sie diese Fragen mit ja beantwortet haben, dann
   schauen Sie einmal bei sich nach, ob Sie sich loben, wenn
   Sie viel essen, oder verurteilen, wenn Sie Reste übriglassen.

Kapitel 4

Warum habe ich mein dauerhaftes Wunschgewicht noch nicht erreicht?

Bis jetzt können wir sagen, daß Sie trotz Ihres intensiven Wunsches, abzunehmen, nicht abgenommen haben oder Ihr Wunschgewicht nicht halten konnten.

Da Ihr Verhalten einzig und allein durch Ihre Gedanken und Einstellungen gesteuert wird, können wir zudem feststellen, daß Sie in Ihrem inneren Selbstgespräch offenbar mehr Gründe dafür haben, zu essen, als Gründe, nicht zu essen.

[Halt!] Wenn Sie jetzt eine Wut auf mich haben und über mich denken: „Wie kann die nur so etwas behaupten! Mein sehnlichster Wunsch ist es doch, abzunehmen", dann warten Sie bitte dennoch einen Augenblick, bevor Sie das Buch zuklappen.

Nur wenn Sie j e t z t über sich und Ihr Verhalten bestimmen, können Sie auch in Zukunft darüber bestimmen, Ihr Wunschgewicht zu erreichen.

I Was spricht für das Abnehmen?

Schauen wir uns zuerst einmal die Gründe an, die Sie sich in der Vergangenheit gegeben haben, um abzunehmen. Ich zähle Ihnen im folgenden Gründe auf, die mir die Teilnehmer meiner Trainings gaben. Überlegen Sie sich beim Durchlesen, welche auf Sie zutreffen, und kreuzen Sie diese an. Es können ein oder mehrere Gründe sein, die Sie sich gegeben haben.

Ich wollte in der Vergangenheit abnehmen,

1. um jünger auszusehen,　　　　　　　　　　　ja/nein
2. um besser auszusehen,　　　　　　　　　　　ja/nein
3. weil ich auf eine Party, in Urlaub, im Bikini, zur Hochzeit, auf ein Klassentreffen, etc. gehen wollte,　　　　　　　　　　　　　ja/nein
4. um einen Partner zu finden,　　　　　　　　ja/nein
5. aus Gewohnheit (wenn ich nicht ab und zu eine Diät mache, werde ich dick),　　　　　　　ja/nein
6. um Aufmerksamkeit von meinem Partner, meinen Freunden, Arbeitskollegen, etc. zu bekommen,　ja/nein
7. um eine Stelle oder Beförderung zu bekommen,　ja/nein
8. um mich modischer kleiden zu können,　　　ja/nein
9. um die alten Kleider noch oder wieder tragen zu können,　　　　　　　　　　　　　　　ja/nein
10. um selbstsicherer zu werden,　　　　　　　ja/nein
11. um Hänseleien über mein Gewicht zu verhindern,　ja/nein
12. um dann wieder ‚normal' essen zu können,　　ja/nein
13. um mir oder anderen zu beweisen, daß ich abnehmen kann,　　　　　　　　　ja/nein
14. um eine Wette zu gewinnen,　　　　　　　　ja/nein
15. um etwas für meine Gesundheit zu tun,　　ja/nein
16. um mich und meinen Körper nicht ständig ablehnen zu müssen,　　　　　　　　　　ja/nein
17. weil mein Arzt es empfohlen hat,　　　　　ja/nein
18. weitere Gründe, die ich mir gegeben habe

_____

_____

_____

_____

Wenn Sie sich Ihre Argumente anschauen, werden Sie feststellen, daß Sie i m m e r beinhalten:

a) Sie akzeptieren sich nicht so, wie Sie sind,
   oder
b) Sie werden von anderen nicht so akzeptiert, wie Sie sind.

Sie wollten in der Vergangenheit also abnehmen, um sich und/oder anderen besser zu gefallen.

Alle Argumente haben eines gemeinsam: Sie wirken nicht! Sie sind nicht gut genug, denn sonst hätten Sie Ihr Ziel, Ihr Wunschgewicht zu erreichen, heute schon erreicht und gehalten.

II Was spricht gegen das Abnehmen?

Da Ihr Verhalten immer die logische Folge Ihrer Einstellungen ist, muß es in Ihrem inneren Selbstgespräch sehr gewichtige Einstellungen geben, die g e g e n eine dauerhafte Gewichtsabnahme sprechen. Nur wenn Sie sich diese Barrieren bewußt machen und sie abbauen, können Sie erfolgreich sein.

Im folgenden habe ich Ihnen wieder eine Liste von Argumenten zusammengestellt, die mir meine Kursteilnehmer genannt haben. Erschrecken Sie nicht, wenn Sie mehrere Feststellungen mit ja beantworten können. Verurteilen Sie sich nicht für Gründe, die Sie erkennen und lieber nicht wahrhaben wollen. Nur wenn Sie die Einstellungen zugeben, können Sie diese verändern. Beantworten Sie sich die Fragen ehrlich. Ohne Ehrlichkeit gegenüber sich selbst können Sie nichts erreichen.

Ich habe in der Vergangenheit nicht abgenommen oder mein Gewicht nicht gehalten,

1. weil ich anderen beweisen will, daß sie nicht
   über mich bestimmen können,   ja/nein
2. weil ich mein Gewicht brauche, um zu erfahren,
   ob mein Partner mich wirklich liebt,
   („wenn er mich wirklich lieben würde,
   würde er mich so akzeptieren, wie ich bin"),   ja/nein

3. weil andere Menschen mich dann verlassen würden, wenn ich einen schöneren Körper hätte, ja/nein
4. weil ich das Gewicht eh wieder zunehmen würde, ja/nein
5. weil ich dann nicht weiß, was ich mit der vielen Zeit und Energie, in der ich mich nicht mehr um das Essen sorgen muß, anfangen kann, ja/nein
6. weil ich jetzt nicht das Geld habe, mich neu einzukleiden, ja/nein
7. weil ich Angst davor habe, dann sexuelle Bedürfnisse nach anderen Männern zu haben und damit meine Partnerschaft in Gefahr zu bringen, ja/nein
8. weil Männer mich dann als Sexobjekt betrachten würden, ja/nein
9. weil ich dann keine Entschuldigung mehr für Mißerfolge in Beruf und Partnerschaft habe, ja/nein
10. weil ich nicht genügend Willenskraft habe, ja/nein
11. weil abnehmen und wieder zunehmen meiner Gesundheit schadet, ja/nein
12. weil ich Ablehnung durch andere dann nicht mehr mit meinem Gewicht entschuldigen kann, ja/nein
13. weil ich andere mit meinem Gewicht strafen und treffen kann, ja/nein
14. weil ich anderen zeigen will, daß es wirklich nicht so einfach ist, abzunehmen, wie sie sagen, ja/nein
15. weil ich meine unangenehmen Gefühle wie Wut, Depression, Langeweile nicht ertragen möchte, ja/nein
16. weil mir mein Gewicht ein Gefühl von Sicherheit und Schutz gibt, ja/nein
17. weil ich dann nicht mit anderen Frauen/Männern konkurrieren muß, ja/nein
18. weil das Gewicht den Eindruck einer ‚gewichtigen' Person, die man nicht übersehen kann, vermittelt, ja/nein
19. weil ich dann nichts mehr habe, um mich zu belohnen, ja/nein
20. weil Essen das einzige Vergnügen ist, das ich mir selbst verschaffen kann, ja/nein

36

21. weil das Essen mich beruhigt und es mir dann
    besser geht,   ja/nein
22. weil ich gerne so sein möchte wie ....
    (mein Vorbild),   ja/nein
23. weil ich niemals so sein möchte wie *meine Mutter*
    (mein abschreckendes Vorbild),   ja/nein
24. weil ich Angst habe, mit Menschen in Kontakt
    zu treten, und mein Gewicht als Entschuldigung
    brauche,   ja/nein
25. weil ich gesund bleibe, wenn ich viel esse,
    (wenn ich viel essen kann, habe ich keinen Krebs), ja/nein
26. weil ich unangenehme Dinge nicht tun muß,
    wenn ich esse,   ja/nein
27. um Eltern oder Partner zu zeigen, daß ich sie mag
    und sie wichtig sind für mich, (meine Eltern tischen
    immer alles auf, wenn ich nach Hause komme),   ja/nein
28. um Anerkennung von Eltern, Partner, Freunden
    zu bekommen,   ja/nein
29. weitere Gründe:

_____

_____

_____

 All diese Gründe, die Sie sich gegeben haben, um n i c h t
abzunehmen, haben eines gemeinsam: Sie wirken! Sie sind
stärker als die Gründe, die Sie sich für das Abnehmen
gegeben haben. Sie sind stärker als jede Diät. Sie bringen
Sie zum Zunehmen.

Um erfolgreich abzunehmen und Ihr Wunschgewicht zu
halten, müssen Sie an einem vollkomen anderen Punkt starten:
Sie müssen Ihre Einstellungen zu sich und Ihrem Körper
vollkommen und grundlegend verändern. Sie müssen Ihre
Erfahrungen darüber, was wirkt und was nicht, vergessen.
Sie müssen beginnen, so zu denken und zu handeln, wie ein
Natürlich-Dünner mit dem Essen umgeht.

Übungen

Nehmen Sie sich für die folgenden Übungen 20 Minuten Zeit. Sie sollen Ihnen dabei helfen, sich Ihre inneren Blockaden, die Sie am Abnehmen hindern, bewußt machen.

1. Stellen Sie sich Situationen aus dem Alltag vor; Situationen am Arbeitsplatz, zuhause, auf einem Fest, mit dem Partner. Stellen Sie sich vor, wie Sie diese Situationen mit Ihrem dicken Körper erleben.

   Haben Sie in diesen Situationen Vorteile davon, daß Sie dick sind? Können Sie z. B. bestimmte Wünsche von anderen mit dem Verweis auf Ihr Gewicht besser ablehnen, als wenn Sie dünn wären? Können Sie durch Ihr Gewicht unangenehme Kontakte vermeiden?

   Notieren Sie sich im folgenden die Vorteile, die Sie durch Ihr Übergewicht haben.

   Gut daran, dick zu sein, ist,

   daß _____

   _____

   daß _____

   _____

   daß _____

   _____

   daß _____

   _____

   daß _____

   _____

2. Stellen Sie sich Situationen aus dem Alltag vor; Situationen am Arbeitsplatz, zuhause, auf einem Fest, mit dem Partner.

Stellen Sie sich vor, daß Sie dünn sind und Ihr Wunschgewicht haben. Stellen Sie sich vor, wie Sie sich dann verhalten werden. Werden Ihnen bei dieser Vorstellung unangenehme Gefühle bewußt? Gibt es Dinge, vor denen Sie Angst haben?

Werden Sie von Ihren Eltern abgelehnt, wenn Sie nicht das essen, was diese für Sie hinrichten? Werden Sie von Ihrem Partner als Spielverderber bezeichnet, wenn Sie nicht mithalten? Müssen Sie häufiger mit Ihrem Mann schlafen, wenn Sie dünn sind? Bekommen Sie keine Aufmerksamkeit mehr von anderen, wenn Sie dünn sind? Haben Sie Angst vor Fehlern, weil Sie dann Ihr Gewicht nicht mehr als Entschuldigung haben?

Notieren Sie sich im folgenden, welche Nachteile Ihnen bei der Vorstellung, dünn zu sein, einfallen.

Schlecht daran, dünn zu sein, ist,

daß _____

_____

daß _____

_____

daß _____

_____

daß _____

_____

daß _____

_____

Ein Überblick
Die zwei Bausteine für meine Veränderung:

Fassen wir zunächst einmal zusammen, was wir erarbeitet haben:

* Diäten wirken nicht; im Gegenteil sie tragen eher zum Übergewicht bei. Diäten setzen nicht an der Ursache des Übergewichts an, sondern geben dem Essen die Schuld am Gewicht.

* Diäten führen zu Angst vor dem Essen und zu Revolten gegen die Diät. Kein Mensch möchte mit der trostlosen Aussicht leben, nie mehr das essen zu dürfen, was ihm schmeckt.

* Die Ursache des Übergewichts liegt im selbstschädigenden Verhalten, das durch bestimmte Einstellungen verursacht wird.

* Bis jetzt haben Sie sich mehr Gründe dafür gegeben, übergewichtig zu bleiben, als abzunehmen.

Um Ihr dauerhaftes Wunschgewicht und mehr Zufriedenheit mit sich und Ihrem Leben zu erreichen, benötigen Sie zwei Bausteine:

Baustein I: Wie hängen meine Gefühle und mein Eßverhalten zusammen?
Wie kann ich mein Eßverhalten verändern?

Baustein II: Wie hängen meine Einstellungen und meine Gefühle zusammen?
Wie kann ich meine Einstellungen verändern?

Im Baustein I lernen Sie zu verstehen, in welchen Situationen und bei welchen Gefühlszuständen Sie zum Essen

greifen. Sie lernen Ihren Freßanfall als Signal für negative Einstellungen und negative Gefühle anzusehen. Sie werden für
10 Tage einen Ernährungsfahrplan führen, welcher Ihnen zeigt,
was, wieviel und wann Sie essen. Sie werden die Geheimnisse
Natürlich-Dünner erfahren und lernen, sich genau so zu verhalten.

Die Verhaltensänderung ist der einfachste Bereich, mit
dem Sie beginnen können. Die Verhaltensänderung kann auch
eine unmittelbare Auswirkung auf Ihre Gesundheit haben.

[Halt!] Keine Angst: Die Verhaltensänderung ist keine neue Diät.
Sie werden die freie Auswahl aller Speisen haben, die Sie
sich gewöhnlich verbieten. Sie brauchen sich nicht selbst
zu kasteien. Die Verhaltensänderung beinhaltet Neuentscheidungen darüber, was, wann und wieviel Sie essen.

Im Baustein II werden Sie lernen, die Zusammenhänge
zwischen Ihren Einstellungen und Ihren Gefühlen zu erkennen.
Sie werden eine neue Einstellung zu sich und Ihrem Körper
gewinnen. Sie werden lernen, Ihre Gefühle so zu beeinflussen,
daß Sie das Essen nicht mehr benötigen, um sich gut zu fühlen.

Neue Einstellungen und ein neues Selbstbild werden Ihnen
ein Gefühl von Wertschätzung und Anerkennung sich selbst gegenüber verschaffen.

Kapitel 5

Baustein I:
Wie hängen meine Gefühle und mein Eßverhalten zusammen?

I Der Ernährungsfahrplan

Gewöhnlich ist der Übergewichtige nach einem Freßanfall bestrebt, diesen aus seinem Gedächtnis zu verbannen. Er ist voller Selbsthaß und Beschuldigungen. Am liebsten möchte er den ganzen Vorfall ungeschehen machen.

Um Ihr Verhalten ändern zu können, ist es jedoch notwendig, daß Sie Ihr Verhalten ganz bewußt anschauen und sich entscheiden, dafür die Verantwortung zu übernehmen. Ein erster Schritt hierzu ist die Sammlung von Informationen über Ihr Eßverhalten durch einen Ernährungsfahrplan.

Der Ernährungsfahrplan ist ein Arbeitsmaterial, das Ihnen hilft, mehr über Ihr Eßverhalten zu erfahren. Wenn Sie sich notieren, was und wann Sie essen, werden Sie sich über Ihr Verhaltensmuster bewußter werden.

[Halt!] Der Ernährungsfahrplan ist keine Beurteilung. Er sagt nichts darüber aus, ob Sie „gut" oder „schlecht" sind. Er ist lediglich ein Arbeitsmaterial, um herauszufinden, welche Gründe hinter dem Überessen stehen.

Übertragen Sie sich nun folgende Tabelle auf ein Blatt Papier.

Mein Ernährungsfahrplan

Datum	Was habe ich gegessen und getrunken?	Situation	Gefühle: war ich körperlich hungrig, oder hatte ich negative Gefühle? welche?	welche Gefühle hatte ich nach dem Essen?

Eine Eintragung im Ernährungsplan könnte folgendermaßen aussehen:

Datum	Was habe ich gegessen und getrunken?	Situation	Gefühle: war ich körperlich hungrig, oder hatte ich negative Gefühle? Welche?	welche Gefühle hatte ich nach dem Essen?
5. 2. abends	Schokolade, Kaffee oder Milch	in der Küche hat mein Mann alles stehen und liegenlassen	ich war ärgerlich	wieder ruhiger

Hüten Sie sich davor, nur 'gute' Tage aufzuschreiben. Es kommt darauf an, diesen Ernährungsfahrplan jeden Tag für 10 Tage zu führen. Sie machen keine Diät und brauchen sich deshalb auch nicht als ,gut' oder ,schlecht' einzustufen.

Aus den ,schlechten' Tagen können Sie erkennen, weshalb Sie sich überessen. Geben Sie sich deshalb die Chance, mehr über sich zu erfahren. Schreiben Sie ehrlich auf, was Sie gegessen und getrunken haben.

(Halt!) Tragen Sie nicht erst am Abend oder gar erst am Ende der Woche ein, was Sie gegessen und getrunken haben, sondern unmittelbar danach. Ihr Gedächtnis wird Ihnen sonst einen Streich spielen.

Wenn Sie es nach zwei Tagen aufgeben, Ihren Ernährungsfahrplan zu führen und sich dann schuldig fühlen, fragen Sie sich: ,,Was hat mich dazu gebracht, aufzuhören? Möchte ich meinen Ernährungsfahrplan wieder weiterführen?''

Verurteilen Sie sich nicht für das Aufgeben. Wenn Sie bereit sind, ihn weiterzuführen, dann tun Sie es. Wenn Sie aufhören möchten, tun Sie es, und akzeptieren Sie sich dennoch.

Führen Sie ihn nächste Woche oder später weiter, wenn Sie bereit dazu sind. Sie können jederzeit eine neue Entscheidung treffen.

Akzeptieren Sie, wo Sie heute stehen, und verlangen Sie keine perfekte Leistung von sich.

Schreiben Sie so viele Tage auf, wie Sie möchten; aber schreiben Sie auf, was Sie essen und trinken.

Schauen Sie sich nach den 10 Tagen den Ernährungsfahrplan an, ohne sich zu verurteilen. Sie haben sich so verhalten, wie es Ihnen im Augenblick möglich war.

Der Ernährungsfahrplan zeigt Ihnen, wann Sie aufgrund seelischer Ursachen essen. Er soll kein Diätverhalten widerspiegeln.

Sie wissen, Menschen, die Diäten machen, fühlen sich immer ,als zu kurz gekommen'. Sie kommen deshalb in Freßphasen, die wiederum zu verstärkter Diät führen, usw.

Streichen Sie deshalb Ihr Diätwissen aus Ihrem Kopf. Sie brauchen keine Diät, um Ihr dauerhaftes Wunschgewicht zu erreichen. Sie brauchen sich nicht das zu verbieten, was Sie besonders gerne essen. Wenn Sie sich Ihr Lieblingsessen nicht verbieten, brauchen Sie auch nicht gleich eine Unmenge davon zu essen. Sie wissen, daß Sie es auch morgen wieder essen dürfen.

Es gibt keine guten und schlechten Lebensmittel. Es gibt lediglich Lebensmittel, für die Sie sich entscheiden, sie zu essen. Wenn Sie Ihre Diät aufgeben und lernen, Ihre Furcht vor dem Essen aufzugeben, werden Sie mit dem Essen gerne anders umgehen lernen.

Sie brauchen den Ernährungsfahrplan nicht ewig führen - nur so lange, bis Sie nur dann essen, wenn Sie wirklich hungrig sind.

Kaufen Sie bei Ihrem Stadtbummel alles, was Sie möchten, ohne auf das Preisschild zu schauen? Wahrscheinlich nicht. Sie werden sich fragen:

1. „Ist das seinen Preis wert?"
2. „Möchte ich es mir leisten?"

Sie können lernen, Essen nach den gleichen Prinzipien auszuwählen. Der Ernährungsfahrplan hilft Ihnen dabei, sich zu fragen, ob Ihnen ein Lebensmittel wirklich wichtig ist. Erinnern Sie sich daran, ob Sie es sich leisten möchten. Wenn ja, essen Sie es - ohne Rücksicht darauf, was andere denken.

Fangen Sie an, mit dem Essen so umzugehen wie ein Natürlich-Dünner. Dann haben Sie einen riesigen Schritt vorwärts getan. Im nächsten Abschnitt werden Sie mehr darüber erfahren.

Übungen

Nehmen Sie sich für die folgenden Übungen 15 Minuten Zeit. Sie sollen Ihnen dabei helfen, sich über die kritischen Situationen des Überessens und die Auswahl der Lebensmittel bewußt zu werden. Diese Übungen sind eine Vorbereitung auf den nächsten Abschnitt, in dem ich der Frage nachgehen werde, wie Natürlich-Dünne essen.

Beantworten Sie sich folgende Fragen:

1. Nehmen Sie sich Ihren Ernährungsplan zur Hand und schauen Sie nochmals nach, welches die Situationen und Gefühle sind, bei denen Sie dazu neigen, zu überessen. Notieren Sie diese kritischen Situationen im folgenden.

    _____

    _____

    _____

    _____

    _____

2. Welche Lebensmittel esse ich immer wieder? Sind es Diätlebensmittel? Wenn ja, habe ich sie gegessen, weil ich sie wirklich wollte, oder weil ich dachte, sie essen zu müssen?

    _____

    _____

    _____

    _____

3. Haben Sie sich Lebensmittel erlaubt, die Sie mögen und als ‚verboten' ansehen? Wie oft haben Sie sich entschieden, nur eine Portion zu essen und dann aufzuhören? Wie haben Sie sich gefühlt? In Kontrolle? ‚Normal'? Voller

Angst? Kamen Sie dadurch zu einem Freßanfall? Beschreiben Sie Ihre Erfahrungen?

_____

_____

_____

_____

_____

4. Haben Sie Situationen erlebt, in denen Sie Angst vor Menschen hatten oder mehr Anspannung erlebt hatten? Haben Sie dort gegessen? Beschreiben Sie Ihre Erfahrungen:

_____

_____

_____

_____

_____

II Wie essen Natürlich-Dünne?

Wir haben in den vergangenen Kapiteln davon gesprochen, daß Ihre Gedanken bestimmen, wie Sie sich fühlen und verhalten. Ihr inneres Selbstgespräch bestimmt darüber, wann und wieviel Sie essen. Der Unterschied zwischen Übergewichtigen und Natürlich-Dünnen liegt in ihrem Denken und Verhalten.

Wenn ich hier von natürlich-dünnen Menschen spreche, meine ich nicht die zwanghaft-dünnen Menschen, die sich phasenweise alles Eßbare einverleiben und phasenweise nur von Tee und Selleriestangen leben, um ihr Gewicht zu halten.

47

Ich meine die Menschen, die ihr Essen genießen und ohne auf die Waage zu stehen und Kalorien zu zählen dennoch ihr Wunschgewicht halten.

Diese Menschen sind nicht vom Schicksal besonders begünstigt und deshalb können auch Sie zu ihnen gehören.

Sie können lernen, Ihr Wunschgewicht zu erreichen und zu halten, wenn Sie sich deren Geheimnis zu eigen machen.

 Natürlich-Dünne unterscheiden sich in 4 Punkten von Übergewichtigen und Zwanghaft-Dünnen:

1. Sie essen nur, wenn sie körperlichen Hunger haben.
2. Sie essen genau das, worauf sie Lust haben.
3. Sie essen bewußt und achten darauf, was sie essen und wie ihr Körper reagiert.
4. Sie hören auf, zu essen, wenn sie keinen Hunger mehr haben.

Diese 4 Punkte sind der Schlüssel zu Ihrem Erfolg!

Natürlich-Dünne können essen, was immer und wann immer sie möchten, ohne Gewicht zuzulegen. Sie verbieten sich keine Speisen, teilen sie nicht in ‚du-darfst' - und ‚du-darfst nicht'-Speisen ein, essen nicht nach Diätvorschriften, sorgen sich nicht um ihr Gewicht, wiegen sich selten oder gar nicht.

Die 4 Punkte klingen zunächst einfach oder vielleicht gar z u einfach - aber sie w i r k e n.

Natürlich-Dünne müssen nicht zu bestimmten Zeiten essen oder sich auf eine bestimmte Art und Weise ernähren. Sie haben keinen anderen Stoffwechsel oder bessere Erbanlagen als Übergewichtige. Alles, was sie von den Übergewichtigen unterscheidet, sind diese 4 Punkte. Diese 4 Punkte beinhalten den natürlichen unverfälschten Umgang mit dem Essen.

Lassen Sie uns die 4 Punkte nun noch einmal genauer unter die Lupe nehmen.

1. **Natürlich-Dünne essen nur, wenn sie wirklich hungrig sind.**

Natürlich-Dünne essen nicht, wenn sie traurig, wütend, einsam, ängstlich sind oder sich vor einer unangenehmen Arbeit drücken wollen. Sie haben sich nicht angewöhnt, sich mit Essen zu trösten, wenn der Tag schlecht gelaufen ist, oder sich mit Essen zu belohnen, wenn der Tag gut gelaufen ist. Sie essen nicht nach der Uhrzeit, weil sie anderen eine Freude machen wollen, oder weil sie Angst vor Ablehnung haben.

Sie essen nur aus einem einzigen Grund:

weil sie wirklich hungrig sind.

2. Natürlich-Dünne essen genau das, was sie wirklich wollen.

Natürlich-Dünne teilen ihr Essen nicht in kalorienarme und kalorienreiche Kost ein. Sie essen nicht nach Diätplänen. Sie lesen die Speisekarte nicht nach dem Prinzip: „Ich sollte das nicht essen" und „das darf ich essen".

Bevor Natürlich-Dünne mit dem Essen beginnen, hören sie in sich hinein und fragen sich, was sie gerne essen möchten. Dann essen sie genau das, worauf sie Lust haben. Sie essen nur die Dinge auf dem Teller, die sie möchten. Sie wissen, daß sie jederzeit wieder essen können, und daß es ihnen erlaubt ist, zu essen.

Sie vertrauen auf ihren Instinkt und erlauben sich auch ‚Ungesundes' zu essen. Sie glauben, daß der Körper weiß, was sie benötigen, um gesund zu bleiben. Weil sie sich bestimmte Nahrungsmittel nicht verbieten, verschwindet ihr Verlangen wieder.

3. Natürlich-Dünne essen bewußt.

Natürlich-Dünne schaufeln keinen Ersatz in sich hinein, weil sie sich ihr Lieblingsessen nicht erlauben. Sie wissen, daß sie von dem, was sie nicht möchten, niemals genug bekommen können, um zufrieden zu sein. Sie stehen ständig in Verbindung mit den Signalen ihres Körpers und hören mit dem Essen auf, wenn sie keinen Genuß mehr haben. Sie genießen ihr Essen vollkommen. Sie lenken sich nicht durch fernsehen, lesen oder radiohören von ihrem Genuß ab.

Da sie ihre Aufmerksamkeit voll auf das Essen lenken, benötigen sie weniger und genießen ihr Essen mehr.

Natürlich-Dünne essen niemals heimlich. Sie haben nichts zu verstecken. Sie essen in Gesellschaft genau das, was sie möchten; (nicht nur einen Salat, um zu zeigen, daß man bemüht ist, abzunehmen).

4. **Natürlich-Dünne hören auf, zu essen, wenn sie nicht mehr hungrig sind.**

Natürlich-Dünne essen nicht einfach weiter, weil noch etwas auf dem Teller liegt, weil die anderen noch essen oder weil es so gut schmeckt. Sie essen nicht weiter, um dem Gastgeber eine Freude zu machen. Sie brauchen nicht auf Vorrat zu essen, denn sie wissen, daß ihnen das Essen jederzeit offensteht. Wenn sie keinen Hunger mehr verspüren, legen sie das Besteck beiseite und beenden ihr Mahl.

Zusammenfassend können wir sagen, daß Natürlich-Dünne einen natürlichen und ungezwungenen Umgang mit dem Essen beibehalten haben. Sie essen wie kleine Kinder oder Tiere, die noch nicht gelernt haben, Essen als Lösung und Ersatz für alle möglichen seelischen Probleme und Bedürfnisse zu benutzen. Sie haben andere Strategien, um mit ihren Problemen umzugehen.

Essen ist für sie lediglich Energiebeschaffung für ihren Körper, um diesen am Leben zu erhalten.

Die Übergewichtigen und Zwanghaft-Dünnen sind es, die sich Einstellungen und Gewohnheiten zugelegt haben, um dick zu werden.

 In Ihrem Innern haben auch Sie die Fähigkeit behalten, wieder zu diesem ungezwungenen Umgang mit dem Essen zurückzukehren. Auch Sie haben in Ihrem Innern die Fähigkeit behalten, wie ein Natürlich-Dünner zu essen.

Der Schlüssel zu Ihrem Erfolg liegt darin, zu beginnen,

* wie ein Natürlich-Dünner zu denken,

50

* wie ein Natürlich-Dünner zu fühlen und sich

* wie ein Natürlich-Dünner zu verhalten.

Spielen Sie die Rolle, natürlich-dünn zu sein, und Sie werden natürlich-dünn werden.

Ihre Einstellungen sind die wesentlichen Kräfte für Ihre Veränderung. Sie müssen beginnen, Ihr negatives Selbstbild zu verändern, das Sie die ganze Zeit über gehabt haben. Sie müssen zuerst so tun, als ob Sie dünn sind, und sich so verhalten, bevor Sie äußerlich dünn werden.

Wenn Sie beginnen, in Ihrer Einstellung und in Ihrem Verhalten ein Natürlich-Dünner zu sein, ist es nur eine Frage der Zeit, bis Ihr Körper folgt.

Haben Sie Vertrauen zu sich.

Es wird nicht passieren, daß Sie plötzlich ‚platzen' oder außer Kontrolle geraten, wenn Sie sich nach diesen 4 Punkten verhalten. Das sind lediglich alte Ängste aus der Vergangenheit, daß das Essen Sie ‚überfallen und überwältigen' könnte.

Sie sind derjenige, der Ihr Verhalten bestimmt, und nicht das Essen. Es ist absolut unmöglich, dick zu bleiben, wenn Sie denken, fühlen und handeln wie ein Natürlich-Dünner. (Es sei denn, Sie gehören zu dem 1 % der Übergewichtigen, deren Übergewicht organische Ursachen zugrundeliegen).

Übung

Nehmen Sie sich für die folgende Übung 10 Minuten Zeit.

Sie soll Ihnen dabei helfen, zu erfahren, wie ein Natürlich-Dünner den Tag erlebt.

Lassen Sie sich nicht erschüttern, wenn es Ihnen nicht sofort gelingt, sich selbst mit einem dünnen Körper vorzustellen. Auch hierzu benötigen Sie ein wenig Übung. Diese Übung ist sehr wichtig für Sie. Nehmen Sie sich deshalb die Zeit.

„Lehnen Sie sich nun in Ihrem Stuhl zurück, schließen Sie die Augen und stellen Sie sich als dünne Person vor.

Stellen Sie sich vor, wie Sie einen gewöhnlichen Tag als dünne Person erleben. Stellen Sie sich genau vor, was Sie für eine Kleidung tragen, welche Aktivitäten Sie ausführen, wie Sie sich mit Ihren Arbeitskollegen und Ihrem Partner unterhalten. Machen Sie die Vorstellung so lebendig, wie nur irgendmöglich. Stellen Sie sich alles so vor, wie Sie es sich wünschen. Stellen Sie sich vor, wie Sie zufrieden mit sich und stolz auf sich sind".

Machen Sie diese Vorstellungsübung von nun an täglich mindestens dreimal für 10 Minuten. Je häufiger Sie sich vorstellen, dünn zu sein, desto leichter wird Ihnen die Vorstellung davon fallen und desto erfolgreicher werden Sie sich als Natürlich-Dünner verhalten. Lesen Sie hierzu auch den Abschnitt: Die Macht Ihrer Vorstellungen.

Sie können Ihren Erfolg steuern. Wenn Sie Ihr geistiges Bild von sich verändern, muß sich auch Ihr Körper verändern.

III Wie kann ich mein Eßverhalten verändern?

Einen wesentlichen Schritt zur Veränderung im Verhalten haben Sie schon hinter sich gebracht. Sie haben sich ein Lob verdient für Ihre Bereitschaft, mir so weit in meinen Ausführungen zu folgen und den Ernährungsfahrplan zu führen. Sie haben ein Lob verdient dafür, daß Sie bereit sind, die Verantwortung für Ihr Eßverhalten anzunehmen und nicht mehr die Augen davor zu verschließen.

Nun geht es um die praktische Veränderung Ihres Eßverhaltens. Im letzten Absatz haben Sie erfahren, wie Natürlich-Dünne mit dem Essen umgehen. Jetzt können Sie sich entscheiden, ob Sie von der Diätmentalität und dem übergewichtigen Denken Abschied nehmen wollen.

Haben Sie sich entschieden, ernsthaft das Leben eines Natürlich-Dünnen zu leben?

Großartig, dann warten Sie auf das nächste Signal Ihres Körpers, das Sie gewöhnlich als Signal für Essensaufnahme gedeutet haben.

Wenn es kommt, stellen Sie sich folgende Fragen, b e v o r Sie Kühlschrank und Mund öffnen:

Bin ich wirklich körperlich hungrig?

↓

ja

↓

*   will ich etwas essen oder trinken?

*   will ich etwas heißes oder kaltes?

*   will ich etwas weiches, knuspriges oder knackiges?

*   will ich etwas salziges, süßes, saures oder herzhaftes?

Habe ich nur ein seelisches Verlangen?

↓

ja

↓

*   was kann ich, außer zu essen, tun, um mich zu befriedigen?

Körperlichen Hunger haben Sie dann, wenn Sie wirklich alles essen würden, um dieses nagende Gefühl in Ihrem Körper zum Verschwinden zu bringen.

Seelisches Verlangen liegt dann vor, wenn Sie negative Gefühle verspüren, z. B. wenn Sie sich ärgerlich, gelangweilt, ängstlich oder einsam fühlen.

Zu Beginn, wenn Sie noch wenig Übung haben, wird es Ihnen manchmal schwerfallen, sicher zwischen körperlichem und seelischem Verlangen zu unterscheiden. Lassen Sie sich Zeit dabei, Ihre Körpersignale entschlüsseln zu lernen.

Wenn Sie sich entschieden haben, etwas zu essen oder zu trinken, wählen Sie genau das aus, was Sie wirklich möchten. Das wird Sie auch optimal befriedigen. Sie brauchen sich nicht erst durch ‚du darfst'-Lebensmittel durchfuttern, bis Sie sich schließlich doch noch das erlauben, was Sie wirklich möchten.

 Zu essen, was Sie möchten, wird Sie Ihrem Ziel näherbringen, nämlich so auszusehen, wie Sie gerne aussehen möchten.

2. Machen Sie Ihre Mahlzeit zu einem Festmahl.

Sie haben es verdient. Zünden Sie eine Kerze an, legen Sie eine Tischdecke auf, schalten Sie Musik ein, etc. Essen soll für Sie ein schönes Erlebnis sein und keine Nacht- und Nebelaktion; nichts, was man heimlich, im Stehen oder Gehen tun muß.

3. Legen Sie zwischen jedem Bissen das Besteck nieder, um den Bissen ganz bewußt zu genießen. Sehen Sie sich an, wie das Essen aussieht und wie es riecht. Kauen Sie es langsam. Schmeckt es Ihnen? Essen Sie von jedem Nahrungsmittel, das auf dem Teller liegt, einen Bissen und sortieren Sie aus, was Ihnen nicht oder nicht besonders schmeckt. Essen Sie nur das, was Ihnen ausgezeichnet schmeckt.

Schauen Sie zwischendurch immer mal wieder nach, wie hungrig Sie noch sind. Wenn Sie nicht sicher sind, ob Sie noch hungrig sind, legen Sie eine kurze Pause ein.

Laufen Sie kurz im Zimmer auf und ab oder gehen Sie auf die Toilette. Konzentrieren Sie sich darauf, was Sie nach dem Essen machen werden. Dann überprüfen Sie nochmals, ob Sie noch hungrig sind.

Wenn noch ein kleines Krumpeln da ist, und Sie nur noch ein klein wenig essen könnten, hören Sie auf. Ihr Magen benötigt 20 Minuten, bis er Ihrem Gehirn gemeldet hat, wieviel er bekommen hat.

4. Versuchen Sie immer einen kleinen Bissen von jeder Speise und einen Schluck von jedem Getränk übrigzulassen. Auf diese Weise können Sie Kontrolle über das Essen gewinnen, Ihr Gefühl von Unersättlichkeit verlieren und lernen, Nahrung abzulehnen.

Ziel ist es in erster Linie, zu lernen, wie Sie sich aus Ihrer Abhängigkeit vom Essen lösen können, und erst in zweiter Linie, abzunehmen.

Wenn Sie mit dem Essen fertig sind, stehen Sie sofort auf und räumen den Tisch ab. Werfen Sie die Reste weg oder gefrieren Sie diese ein.

5. Versuchen Sie, ein paar Stunden ohne Essen auszukommen. Für Übergewichtige ist es wirklich schwierig, zu unterscheiden, ob sie körperlich hungrig sind oder nur ein Verlangen haben, das mit seelischen Problemen zusammenhängt. Deshalb ist es hilfreich, bewußt Hungergefühle zu erleben.

Beginnen Sie Ihren Hunger zu beobachten. Erlauben Sie sich, zu erleben, wann Sie wirklich hungrig sind. Wirklicher starker Hunger ist dann vorhanden, wenn Sie alles essen würden, nur um etwas in den Magen zu bekommen.

6. Ballen Sie Ihre rechte Hand zur Faust. Schauen Sie sich sorgfältig an, welches Volumen sie hat. Das ist ungefähr die normale Größe Ihres Magens. Wenn Sie Magenknurren verspüren, dann ist das nur der Versuch Ihres Magens, zu seiner normalen Größe zu gelangen. Wenn Ihr Magen vollkommen

leer ist (!), benötigen Sie ungefähr das Volumen Ihrer Faust oder das Volumen von zwei Tassen Essen, um Ihren Hunger zu befriedigen.

7. Kaufen Sie das ein, was Sie am liebsten essen und was Sie sonst immer gemieden haben. Sie brauchen Ihre Lieblingsspeisen zuhause, um den 2. Punkt der Natürlich-Dünnen zu erfüllen: genau das zu essen, was Sie wirklich möchten.

Wenn Sie sich bestimmte Lebensmittel verbieten, möchten Sie automatisch mehr davon essen. Wenn Sie sich sagen: „kein Eis mehr", werden sich Ihre Gedanken immer um das Eis drehen und Sie werden Verlangen darauf bekommen. Kaufen Sie deshalb ein, was Sie möchten.

Vielleicht haben Sie Angst davor, zu essen, was Sie möchten. Vielleicht denken Sie, wenn Sie beginnen, zu essen, was Sie möchten, können Sie sich nicht mehr bremsen.

Keine Angst. Sie werden keinen Non-Stop-Freßrausch bekommen. Im Gegenteil. Wenn Sie immer essen dürfen, was Sie möchten, brauchen Sie nicht die „das letzte Mal vor der Diät"-Einstellung zu haben. Vielleicht werden Sie, wenn Sie beginnen, sich alle Lebensmittel zu erlauben, zunächst mehr von den ehemals „du darfst nicht" Speisen essen. Das macht nichts. Mit der Zeit wird dieses Verlangen verschwinden. Wenn Sie sich alles erlauben, wird Ihr Körper das verlangen, was er braucht.

Erinnern Sie sich daran, daß Sie in der Kontrolle Ihres Verhaltens sind. Sie können jeden Tag das essen, was Sie möchten, und brauchen nicht auf Vorrat zu essen. Wenn Sie nur dann essen, wenn Sie körperlich hungrig sind, und nur soviel, bis Sie satt sind, werden Sie nicht übergewichtig werden oder zunehmen.

8. Wenn Sie in ein Lokal gehen und Lust auf ein Dessert haben, bestellen Sie sich das Dessert. Futtern Sie sich nicht erst durch die Menuekarte. Fragen Sie sich: „Was möchte ich wirklich essen?" Lassen Sie sich nicht davon beeinflussen, was der Ober oder Tischnachbar denkt.

56

Lernen Sie, auf Ihre innere Stimme zu hören. Dann können Sie essen, was Sie möchten, und sich zufrieden und in Kontrolle erleben. Sie werden nicht immer nach kalorienreichen Speisen verlangen. Manchmal werden Sie Verlangen nach etwas Leichtem haben, vielleicht nur nach einem Salat oder einer Suppe.

Wenn Sie ehrlich zu sich sind und auf sich hören, werden Sie das Essen als Ihren Freund, und nicht als Ihren Feind kennenlernen.

9. Wenn Sie auf einer Party oder zum Brunch gehen, schauen Sie sich zunächst das Buffet an, ohne den Teller mitzunehmen. Dann wählen Sie die drei Dinge aus, auf die Sie nicht verzichten können, ohne sich ,zu kurz gekommen' zu fühlen.

10. Machen Sie sich eine Liste von den Menschen, die Einfluß auf Ihr Eßverhalten haben. Schreiben Sie neben die einzelnen Namen, was diese von Ihnen erwarten. Dann überlegen Sie, ob Sie mit deren Erwartungen einverstanden sind, ärgerlich auf sie sind oder mit Widerwillen deren Erwartung erfüllen. Streichen Sie dann alle Forderungen durch und ersetzen Sie diese durch Ihre eigenen Wünsche. Beginnen Sie Ihren Satz mit: „Ich möchte . . . . . ".

Erwartungen an mein Eßverhalten

Mein Vater erwartet von mir, daß ....

Ich möchte, ...

Meine Mutter erwartet von mir, daß ....

Ich möchte, ...

Mein Partner erwartet von mir, daß ....

Ich möchte, ...

Mein Kind erwartet von mir, daß ....

Ich möchte, ...

Mein Kollege erwartet von mir, daß ....

Ich möchte, ...

Mein .... erwartet von mir, daß ....

Ich möchte, ...

Mein .... erwartet von mir, daß ....

Ich möchte, ...

 Was andere Menschen über Sie denken, ist nicht Ihr Problem. Nehmen Sie sich wichtig. Jeder, der sich wirklich mag, möchte, daß Sie sich gut fühlen. Sie können sich deshalb erlauben, das zu essen, was Sie möchten, ohne sich schuldig zu fühlen.

11. Das Wissen über die Ernährung ist wichtig. Sie können sich auf Dauer nicht nur von Süßigkeiten ernähren, ohne krank zu werden. Wenn Sie sich jedoch die ganze Zeit über bestimmte Lebensmittel verboten haben, haben Sie zunächst einen Nachholbedarf. Die Angst vor diesen Lebensmitteln und die damit verknüpften Schuldgefühle müssen zuerst abgebaut werden. Lassen Sie also zu, daß Sie z. B. zunächst viel Schokolade oder Kuchen essen, wenn Sie körperlich hungrig sind. Sie haben einen Nachholbedarf darin, „Verbotenes" zu essen.

Mit der Zeit werden Sie den Wunsch verlieren, dieses immer haben zu wollen. Wenn Sie Ihre Diätmentalität überwinden, ist es wichtig, sich mit gesunder Ernährung zu befassen. Nicht um abzunehmen, sondern um seinem Körper das Beste zu geben.

12. Essen Sie niemals etwas, nur weil es vielleicht billig ist, wenn Sie keinen Appetit darauf haben.

13. Wenn Sie nach der Arbeit nach Hause kommen und nervös und abgespannt sind, legen Sie sich erst 10 Minuten hin oder gehen Sie unter die Dusche, um sich zu entspannen. Gleich mit der Essensvorbereitung zu beginnen, verleitet häufig dazu, sich beständig etwas in den Mund zu stopfen.

14. Sie brauchen nicht nach der Uhrzeit zu essen oder danach, was man zu welcher Zeit gewöhnlich ißt.

15. Stellen Sie sich nur alle 4 (vier!) Wochen auf die Waage. Was passiert, wenn Sie auf die Waage steigen?
Es gibt drei Möglichkeiten: Entweder
1. Sie haben Gewicht verloren. Dann werden Sie sich erlauben, zu schummeln, oder
2. Sie haben zugenommen und werden deshalb ärgerlich oder depressiv, oder
3. das Gewicht ist stehengeblieben und es sieht so aus, als ob alles umsonst war.

Das Endergebnis aller drei Möglichkeiten ist dasselbe: Sie essen.

Die Waage kann, wenn Sie sich täglich wiegen, nicht Ihre aktuelle Gewichtsabnahme wiedergeben. Wenn Sie z. B. salzreich gegessen haben, wird Ihr Körper mehr Wasser zurückhalten. Auch hormonelle Schwankungen und die Verdaulichkeit der Nahrung spielen eine Rolle.

Sie brauchen keine Waage. Ihr Ziel ist es, so auszusehen, wie Sie es sich vorstellen. Das erkennen Sie im Spiegel und an Ihrer Kleidung. Das viele Wiegen kann weder verhindern, daß Sie zunehmen, noch das Abnehmen fördern. Es verleitet Sie nur dazu, sich bestimmte Speisen zu verbieten oder Diät zu halten. Das hilft Ihnen jedoch auch nicht wirklich, wie Sie nun wissen.

16. Beginnen Sie, sich mehr körperliche Bewegung zu verschaffen.

Halt! Ich spreche nicht von täglichem quälenden Dauerlauf oder schweißtreibendem Fitneßtraining!

Ich spreche davon, sich etwas zu suchen, was Ihnen Spaß macht. Fragen Sie sich, was Sie erreichen möchten und welche Art Bewegung zu Ihnen paßt. Machen Sie keinen Trimm Dich

Lauf, wenn Sie es hassen, mit Trainingsanzug im Freien zu laufen. Vielleicht möchten Sie lieber in der Wohnung nach Musik tanzen, seilhüpfen oder Spaziergänge machen?

Körperliche Übungen schaffen Muskulatur, reduzieren Ihren Appetit, regulieren Ihren Stoffwechsel und bauen Spannung ab.

Sie helfen Ihnen, Ihr Fett abzubauen und sich gut über sich selbst zu fühlen. Sie sind der einfachste Weg, Deprimiertsein loszuwerden. Sie haben es verdient, sich gut zu fühlen.

Körperliche Übung ist ein Geschenk, das Sie Ihrem Körper geben können.

Fangen Sie langsam an. Aber lassen Sie keine Aufschiebung oder Entschuldigung gelten wie etwa gesundheitliche Probleme, zu wenig Zeit, zu kalt, keine geeignete Kleidung.

Riskieren Sie es, zu Beginn ‚faul' zu sein, und steigern Sie täglich ein wenig. Wenn Sie am ersten Tag alles einsetzen und am nächsten Tag wilden Muskelkater haben, ist es kein Wunder, wenn Sie aufgeben wollen.

Beginnen Sie damit, Ihre Bewegung zu steigern. Tun Sie das, was Sie tun können. Alles ist besser als gar nichts.
Sie könnten z. B. täglich
*   in der Mittagspause nach dem Essen 10 Minuten spazierengehen,
*   einen kleinen Abendspaziergang machen,
*   die Treppen statt des Lifts benutzen,
*   das Auto eine Straße weiter entfernt parken.

Jede Steigerung ist ein Fortschritt, für den Sie ein Lob verdient haben.

Machen Sie täglich Vorstellungsübungen, wie aktiv Sie ein Jahr von jetzt ab sein werden und wieviel Freude es Ihnen machen wird.

17. Da Wiederholung der beste Weg zum Erfolg ist, will ich hier nochmals die 4 Punkte der Natürlich-Dünnen aufführen.
1.   Sie essen nur, wenn sie wirklich hungrig sind.
2.   Sie essen genau das, was sie essen möchten.

3. Sie essen bewußt und nur solange sie optimalen Genuß haben. Seien Sie geizig, laden Sie sich nur Kalorien auf, wenn es sich lohnt und Sie den optimalen Genuß haben.
4. Sie hören auf, zu essen, wenn sie satt sind.

Wenn Sie sich diese Punkte zu eigen machen und immer mit dem Gedanken beschäftigen: „Was würde ein Natürlich-Dünner jetzt tun?" werden Sie gewinnen.

18. Wenn Sie sich entscheiden, nichts zu essen, weil Ihr körperliches Signal einem seelischen Verlangen entspricht, dann benötigen Sie etwas, was Sie ‚statt zu essen' tun können.

Schreiben Sie sich deshalb in der folgenden Liste auf, was Sie alles tun können. Sie könnten z. B. ein Bad nehmen, telefonieren, einen Brief schreiben, lesen, Musik hören, eine Entspannungsübung machen, schlafen, in diesem Buch lesen, etc.

Was ich, statt zu essen, tun kann

1. mich unterhalten
2. telefonieren
3. tanzen
4. Tagebuch schreiben
5. jemanden besuchen
6. malen
7. singen
8. fernsehen
9. nähen
10. schwimmen
11. ✗ Kissen schmeißen
12. stricken
13. wüten, brüllen
14. Ton schlagen

Kapitel 6

Der Prozeß des Umlernens

Den Entschluß zu fassen, wie ein Natürlich-Dünner zu essen, geht schnell und Sie haben ihn vielleicht bereits gefaßt. Bis diese Art, zu essen, so automatisch wird wie Ihr altes Eßverhalten, dauert es jedoch einige Zeit. In dieser Zeit werden Sie 5 Phasen durchlaufen, die ich Ihnen jetzt schon ankündigen möchte.

Sie haben in den vorherigen Kapiteln erfahren, daß Sie einen Großteil Ihrer heutigen Einstellungen und Verhaltensweisen in Ihrer Kindheit erlernt haben.

Das ist jedoch kein Grund, auf Ihre Eltern wütend zu sein und sie zu verurteilen. Ihre Eltern haben das getan, was sie aus ihrer Sicht für richtig und für das Beste hielten. Ihre Eltern haben Ihnen das weitergegeben, was ihren Lebensgewohnheiten und Erfahrungen entsprach. Das war alles, was sie tun konnten, - auch wenn es vielleicht wirklich bessere Wege für Ihre Erziehung gegeben hätte. Was in der Vergangenheit passierte, können die Eltern nicht mehr ändern. Ihr Ärger darüber lähmt Sie nur, jetzt etwas an sich zu verändern.

Bleiben Sie deshalb nicht dabei stehen, Ihre Eltern oder deren Erziehung zu verurteilen. Ihre Eltern haben Ihnen die Fähigkeit mitgegeben, neue Gewohnheiten zu erlernen. Jetzt sind Sie an der Reihe, für sich Verantwortung zu übernehmen.

Es sind Ihre alten Einstellungen und Gewohnheiten, die Sie blockieren. Es sind Ihre Einstellungen, die Ihr Eßverhalten bedingen. Die Einstellungen existieren jetzt nur noch in Ihrem Kopf.

Bevor ich Ihnen die Phasen aufzeigen möchte, die Sie durchlaufen werden, wenn Sie umlernen, möchte ich kurz auf die Entwicklung von Gewohnheiten eingehen.

Wie entstehen Gewohnheiten?

Immer, wenn Sie mehrmals in ein und derselben Weise denken und reagieren, werden Sie darin eine Gewohnheit entwickeln.

Unter Gewohnheit verstehe ich, daß Sie sich automatisch verhalten, ohne bewußt etwas zu denken. Gewohnheiten sind notwendig für unseren Alltag. Stellen Sie sich vor, Sie müßten jetzt im Augenblick bewußt darauf achten, daß Sie aufrecht sitzen, wie Sie Kopf und Hände halten, müßten jedes einzelne Wort buchstabieren, etc. Es wäre für Sie unmöglich, mehrere Dinge gleichzeitig zu tun, wenn es keine Gewohnheiten gäbe.

Gewohnheiten entlasten unseren Geist und Körper. Sie haben Gewohnheiten, wie Sie sitzen, gehen, essen, schreiben, jemanden begrüßen, lachen, sich anziehen, essen, autofahren, Ärger zeigen, sich bedanken, usw. All diesen Gewohnheiten ist gemeinsam, daß Sie Signale von Ihrem Körper bekommen, d.h. sich unwohl und angespannt fühlen, wenn Sie einer dieser Gewohnheiten zuwider handeln. Sie haben dann den Eindruck, daß etwas nicht stimmt.

Probieren Sie beispielsweise einmal aus, auf der anderen als der üblichen Körperseite einzuschlafen. Ihr Körper wird Ihnen zunächst sagen, daß es unmöglich ist, so einzuschlafen. Oder falten Sie jetzt einmal Ihre Hände, so als wollten Sie beten.

Haben Sie sie gefaltet?

Welcher Daumen ist oben, der rechte oder der linke? Warum haben Sie ausgerechnet diesen Daumen nach oben gelegt?

63

Wahrscheinlich haben Sie nur eine Erklärung hierfür: Gewohnheit.

Falten Sie nun die Hände so, daß der entgegengesetzte Daumen oben ist. Hören Sie dabei auf Ihr Körpersignal. Ihr Körper wird Ihnen mitteilen, daß etwas nicht stimmt: Sie handeln wider Ihre Gewohnheit.

Die Vorteile von Gewohnheiten sind also: Sie erleichtern Ihren Alltag und vergrößern Ihre Fähigkeiten, mehrere Dinge gleichzeitig zu tun, ohne sich zu gefährden.

Der Nachteil von Gewohnheiten ist: Wenn Sie Gewohnheiten verändern wollen, kostet es Sie Anstrengung. Sie müssen 5 Phasen durchlaufen, bis Sie eine neue Gewohnheit entwickelt haben.

Die 5 Phasen des Umlernens

1. Sie entscheiden sich, die Gewohnheit zu verändern, und bereiten sich geistig darauf vor. Sie lernen, wie Sie anders denken müssen, um sich anders zu fühlen und verhalten.

2. Sie denken anders und verändern Ihr Verhalten.

3. Sie fühlen sich merkwürdig.
   Sie lernen, Ihrem Gefühl entgegengesetzt zu reagieren und es als Signal Ihrer alten Gewohnheit anzusehen.

4. Gefühl und Verhalten stimmen überein.
   Sie müssen jedoch noch bewußt Ihre neuen Gedanken denken.

5. Sie haben eine neue Gewohnheit entwickelt.
   Verhalten und Gefühl laufen automatisch ab.

Diese 5 Phasen bleiben niemandem erspart, der eine alte Gewohnheit verlernen und durch eine neue ersetzen will.

Auf Sie wird der Prozeß des Umlernens zukommen, wenn Sie lernen wollen, wie ein Natürlich-Dünner zu essen.

Sie haben sich all die Jahre darin geübt, zu essen, wenn es Ihnen seelisch schlecht ging oder weil Sie sich an gesellschaftliche Regeln gehalten haben. Zusätzlich haben Sie gegessen, wenn Sie körperlich hungrig waren.

Wenn Sie nun den festen Entschluß fassen, nur noch zu essen, wenn Sie wirklich hungrig sind, wird folgendes bei Ihnen passieren:

In all den Situationen, in denen Sie früher aus anderen Gründen als körperlichem Hunger gegessen haben, werden Sie ein Verlangen nach Essen verspüren. Dieses Verlangen m u ß auftreten, weil Sie Ihrem Körper angewöhnt haben, in diesen Situationen etwas zu essen zu bekommen. Auf Ihr Verlangen, Ihr körperliches Signal ist also im Augenblick kein Verlaß mehr. Es ist kein sicheres Signal für körperlichen Hunger.

Entscheiden Sie sich nun, sich wie ein Natürlich-Dünner zu verhalten und nur bei körperlichem Hunger zu essen, bleibt das Verlangen dennoch eine Zeitlang bestehen.

Sie müssen sich also ganz bewußt fragen: ,,Habe ich wirklich körperlichen Hunger?'' Wenn ja, dann ist es sinnvoll, zu essen. ,,Oder habe ich nur ein seelisches Verlangen, das ich mir angewöhnt habe?'' Dann ist es nicht sinnvoll, zu essen.

Natürlich-Dünne essen so gut wie nie, wenn es ihnen seelisch schlecht geht.

Wenn Sie ein seelisches Verlangen, d. h. unangenehme Gefühle wie Wut, Anspannung, Angst oder Langeweile verspüren, dann schauen Sie nach, welche Einstellungen dahinterstehen.

Kommt das seelische Verlangen, weil Sie sich angewöhnt haben, um diese Uhrzeit, in dieser Situation, bei diesen Gefühlen zu essen?

Geben Sie Ihrem Verlangen in dieser Situation n i c h t nach. Essen Sie nichts, sonst stärken Sie Ihre alte Gewohnheit, wie ein Übergewichtiger zu essen.

Hinterfragen Sie stattdessen Ihre Einstellung, die Ihnen solche Gefühle verursacht hat. Im Baustein II werde ich Sie noch näher damit vertraut machen.

Lassen Sie uns nun anschauen, wie dieser Umlernprozeß im Einzelnen aussieht, wenn Sie sich entscheiden, wie ein Natürlich-Dünner zu essen.

Mein Umlernprozeß

1. Entscheidung
   Sie entscheiden sich, nur noch zu essen, wenn Sie wirklich
   hungrig sind, und dann auch nur das, was Sie essen möchten.

2. Sie verhalten sich danach.
   Sie fragen sich beim Auftreten Ihres Körpersignals, ob es
   körperlichen Hunger oder seelisches Verlangen bedeutet.
   Wenn es seelisches Verlangen bedeutet, essen Sie nichts.

3. Gefühl und Verhalten stimmen nicht überein.
   Sie spüren ein seelisches Verlangen und essen nichts. Sie
   haben dabei den Eindruck: „Ich rede mir ein, nichts essen
   zu wollen. Ich mache mir etwas vor". Ihr Gefühl sagt
   Ihnen, Sie brauchen unbedingt etwas zu essen. Ihr Kopf
   sagt Ihnen dagegen: „Essen ist kein geeignetes Mittel,
   mein seelisches Verlangen zu befriedigen".

Wenn Sie immer Ihrem Kopf folgen und nicht mehr Ihrem
seelischen Verlangen, dann werden Sie mit der Zeit zu der
Phase 4 kommen.

4. Gefühl und Verhalten stimmen überein.
   Sie haben in den Situationen, in denen Sie früher ein seelisches Verlangen verspürten, kein Verlangen mehr und
   essen nichts.

Noch immer müssen Sie sich bewußt dafür entscheiden,
bei seelischem Verlangen nichts zu essen. Wenn Sie jedoch
weitermachen, kommen Sie zur Phase 5.

5. Sie haben eine neue Gewohnheit geschaffen.
   Ihre neue Gefühlsreaktion und Ihr neues Verhalten sind
   automatisch geworden; d. h. Sie essen automatisch nur
   dann, wenn Sie Hunger haben, und nicht mehr, wenn Sie
   sich schlecht fühlen. Sie haben kein Verlangen mehr, etwas
   zu essen, wenn es Ihnen seelisch schlecht geht.

Den gleichen Prozeß werden Sie durchlaufen, wenn Sie
aufhören, zu essen, dann wenn Sie satt sind, früher aber noch

mehr gegessen haben. Bis Sie die Phasen 1 - 5 durchlaufen haben, dauert es zwischen 30 und 60 Tagen.

Für alle Menschen ist die dritte Phase die schwierigste Phase. Sie erleben die veränderte Reaktion auf ihr seelisches Verlangen als Anstrengung und Kampf. Obwohl sie ihr Verlangen verspüren, sollen sie nichts essen.

Manche beschreiben diese Phase folgendermaßen: „Ich komme mir vor, als ob ich mich belüge", „Mein Körper verlangt danach und ich rede mir etwas Falsches ein", „Ich mache mir nur vor, nichts zu brauchen". Sie meinen damit, daß sie sich im Kopf etwas anderes sagen, als ihnen ihr Körper mitteilt. Im Kopf haben sie bereits die neue Einstellung, daß Essen keine Lösung für seelische Probleme ist, aber der Körper weiß es noch nicht.

[Halt!] Was der Körper Ihnen sagt, ist lediglich die Folge einer lange antrainierten Gewohnheit. Es gibt bessere Wege, mit Gefühlen umzugehen, als zu essen. Verändern Sie Ihre Einstellungen und damit Ihre Gefühle oder drücken Sie Ihre Gefühle aus.

Sie sind der Steuermann Ihres Körpers. Ihr Körper ist nur der Maschinist, der die Befehle des Steuermanns ausführt.

Ein anderes Beispiel zum Umlernen wäre:

Stellen Sie sich vor, ab heute würde die Verkehrsregelung folgendermaßen geändert werden: Stop bei Grün, Fahrt bei Rot. Was meinen Sie, wie würden Sie sich fühlen, wenn Sie zum ersten Mal bei Rot losfahren würden? Es wäre sicher ungewohnt. Sie hätten das Gefühl: „Da stimmt etwas nicht", obwohl Ihr Kopf Ihnen sagen würde: „Fahren bei Rot ist in Ordnung". Sie bräuchten Zeit und Übung, um umzulernen. Sie müßten sich erst an die veränderte Situation gewöhnen. Sie müßten sich also zunächst bewußt daran erinnern, sich jetzt nach der neuen Verkehrsregelung zu verhalten. Mit der Zeit würde Ihr neues Fahrverhalten dann automatisch werden.

Um Ihr Wunschgewicht dauerhaft zu halten, ist es wichtig, daß Sie eine neue Eßgewohnheit entwickeln. Hierzu müssen Sie in der dritten Phase des Umlernprozesses Ihre alten Körpersignale anders behandeln als früher. Seelisches Verlangen ist kein Signal zum Essen. Seelisches Verlangen ist ein Signal dafür, sich Einstellungen bewußt zu machen und zu verändern, und anders mit Gefühlen umzugehen.

Langfristig lohnt sich diese Mühe, denn dann können Sie sich wieder auf Ihre Körpersignale verlassen. Sie werden einzig und allein dann auftauchen, wenn Sie wirklich körperlichen Hunger haben.

Kapitel 7

Widerstände in meinem Kopf

Sie haben sich entschieden, ein natürlich-dünner Mensch zu werden?

Gut, dann möchte ich Sie vor Ihrem alten Denk-und-Eß-Programm warnen. Bis jetzt hat Ihr altes Programm mehr Training gehabt. Es hat Ihr Verhalten bestimmt und war stärker gewesen.

Ihr altes Programm wird sich jetzt entschieden zur Wehr setzen, wenn Sie es durch ein neues ersetzen wollen. Es kann folgende Einwände gegen Ihren Entschluß anführen:

1. „Ich habe nicht genügend Willenskraft, mich zu verändern; ich bin zu schwach",

2. „Ich habe es schon oft probiert. Bestimmt klappt es dieses Mal auch wieder nicht",

3. „Ich sollte überhaupt kein Gewichtsproblem haben; es ist ungerecht, daß ich mich ändern muß",

4. „Morgen fange ich an",

5. „Es sollte mir leichter fallen",

6. „Mein Körper verlangt nach Essen; ich brauche es",

7. „Ich belüge mich".

Haben Sie Ihre Einwände entdeckt? Dann begegnen Sie Ihrem alten Programm einfach so, indem Sie es anhören und akzeptieren, daß es da ist. Lesen Sie sich im folgenden die neuen Gedanken durch, die Ihre Einwände entkräften.

Meine neuen Gedanken zu Einwand 1:

„Ich habe bis jetzt genug Willenskraft gehabt, mein Übergewicht aufzubauen und zu erhalten. Ich habe mir in der Vergangenheit mehr Gründe dafür gegeben, dick zu sein, als dünn zu sein. Jetzt habe ich mich entschieden, mich wie ein Natürlich-Dünner zu verhalten und mein Wunschgewicht zu erreichen. Da ich all meine Gedanken und damit mein Verhalten bestimme, besteht kein Zweifel, daß ich es erreichen kann".

Meine neuen Gedanken zu Einwand 2:

„Die Tatsache, daß ich schon häufig versucht habe, abzunehmen, ist kein Beweis dafür, daß ich es nicht schaffen kann. Ich war in der Vergangenheit nicht erfolgreich gewesen, da ich mich immer verhalten habe wie ein Übergewichtiger, der abnehmen möchte; d. h. ich habe Diät gelebt, mich selbst kasteit, einen Freßanfall bekommen, wieder Diät gelebt, usw. Jetzt weiß ich, daß ich erst wie ein Natürlich-Dünner denken und handeln muß, um dann schließlich den Körper eines Natürlich-Dünnen zu erhalten. Es besteht kein Zweifel, wenn ich denke, fühle und handle wie ein Natürlich-Dünner, werde ich abnehmen".

Meine neuen Gedanken zu Einwand 3:

„Ich habe ein Gewichtsproblem, weil ich in der Vergangenheit Essen zur Lösung meiner seelischen Probleme eingesetzt habe. Ich brauche diese Lösung nicht zu ändern, wenn ich es nicht möchte. Ich habe es verdient, mich körperlich wohlzufühlen und mein dauerhaftes Wunschgewicht zu erreichen. Deshalb möchte ich mein Eßverhalten und meine Art, mit Problemen umzugehen, verändern. Dies ist meine freie Entscheidung".

Meine neuen Gedanken zu Einwand 4:

„Ich beginne schon heute damit, zu denken, fühlen und handeln wie ein Natürlich-Dünner. Dann habe ich morgen schon einen Tag Übung darin, übermorgen schon zwei, usw. Je mehr Übung ich darin habe, um so leichter wird es mir fallen, mich wie ein Natürlich-Dünner zu verhalten, und um so schneller wird mir mein Verhalten zur Gewohnheit werden".

Meine neuen Gedanken zu Einwand 5:

„Jedes Umlernen, jede Veränderung kostet Zeit und Übung. Auch die Veränderung meines Denk- und Eßverhaltens dauert einige Zeit, denn ich habe mich lange darin trainiert. Anstatt darüber nachzudenken, ob die Veränderung schneller oder leichter vorangehen sollte, möchte ich mich darauf konzentrieren, alles zu tun, daß sie schnell vorangeht. Ich werde täglich Vorstellungsübungen machen, in denen ich mich sehe, wie ich mein Wunschgewicht habe und froh darüber bin. Ich werde mich vor jedem Essen fragen: „Wie würde sich ein Natürlich-Dünner jetzt verhalten?" und mich an die 4 Punkte der Natürlich-Dünnen halten".

Meine neuen Gedanken zu Einwand 6:

„Mein Verlangen, das ich in Situationen verspüre, in denen ich früher gegessen habe, weil es mir seelisch schlecht ging, muß noch eine ganze Zeit lang auftreten. Ich werde ihm sagen: „Schön, daß du da bist. Du zeigst mir lediglich, daß mein altes Eß-Programm noch wirksam ist, - mehr nicht. Du wirst mich nicht mehr irreführen. Ich habe mich entschieden, nur noch zu essen, wenn ich wirklich körperlichen Hunger habe. Jetzt habe ich keinen körperlichen Hunger, sondern nur ein seelisches Verlangen".

Früher habe ich gegessen, um meine negativen Gefühle ‚hinunterzustopfen'. Heute weiß ich, daß das keine gute Lösung ist. Mein Körper braucht in diesen Situationen kein Essen. Ich werde sein Verlangen als Signal sehen, um anders mit meinen Einstellungen und Gefühlen umzugehen".

Meine neuen Gedanken zu Einwand 7:

„Ich weiß, daß ich beim Umlernen eine Zeitlang den Eindruck haben werde, mich zu belügen. Das kommt daher, daß meine Körperreaktionen sich langsamer verändern lassen als meine Denk- und Verhaltensgewohnheiten. Ich muß zuerst anders denken und handeln, bevor mein Körper anders reagiert. Zunächst muß ich wie ein Natürlich-Dünner denken und handeln. Ich esse nur noch, wenn ich körperlich hungrig bin, und nur solange, bis ich satt bin. Mein Körper wird mich jedoch noch eine Weile ,verlocken' wollen, auch bei seelischem Verlangen zu essen; einfach aus dem Grund, weil er es gewöhnt ist. Wenn ich ihn nicht darin bestärke, sondern ihm in diesen Augenblicken nichts zu essen gebe, wird er mit der Zeit nur noch den körperlichen Hunger melden".

Behandeln Sie Ihr altes Programm einfach als eine Stimme, die im Augenblick noch da ist, weil Sie solange auf sie gehört haben. Dadurch haben Sie sie am Leben gehalten.

Sie brauchen nicht auf sie zu hören. Sie müssen ihr nicht folgen und sich nach ihr richten.

Überlegen Sie sich Ihre Gründe, warum Sie sich verändern wollen. Machen Sie sich deutlich, daß Sie die Entscheidung haben.

 Alles, was Sie sich im Kopf ausmalen können, können Sie erreichen. Ihr Übergewicht ist ein Ausdruck Ihrer Willenskraft. Sie haben in den ersten Kapiteln Ihre Gründe herausgefunden, die Sie sich gegeben haben, um zuzunehmen. Sie haben in der Vergangenheit Ihre Einstellungen eingesetzt, um zuzunehmen. Jetzt können Sie sich Einstellungen wählen, die für das Abnehmen sprechen. Sie können also die gleiche Willenskraft einsetzen, um Ihr Wunschgewicht zu erreichen.

Dieses Mal setzen Sie an dem einzigen Punkt an, der Sie zum Erfolg bringt: Ihren Einstellungen, die Sie zum Übergewicht gebracht haben.

Kapitel 8

Baustein II:
Wie hängen meine Einstellungen
und meine Gefühle zusammen?

Im Baustein I haben wir uns damit befaßt, wie Sie sich verhalten können, um natürlich dünn zu werden.

Sie müssen erst einmal 'so tun, als ob Sie schon natürlich-dünn sind'. Sie müssen zuerst denken und sich verhalten wie ein Natürlich-Dünner, um natürlich-dünn zu werden.

Erinnern Sie sich noch an das ABC der Gefühle?

Nach dem ABC der Gefühle wissen wir bis jetzt nur, wie Ihr Verhalten zukünftig aussehen muß:

| A | → | B | → | C |

Situation   inneres Selbstgespräch   Gefühl

Verhalten wie ein
Natürlich-Dünner:
1. nur essen bei körper-
   perlichem Hunger
2. essen, worauf Sie Lust
   haben
3. bewußt essen
4. aufhören bei Sättigung

Wenn wir an diesem Punkt stehenbleiben würden, wäre dieses Buch auch nicht viel hilfreicher als eine bessere Diät. Sie hätten zwar ein paar Verhaltensregeln mehr, aber Sie hätten nicht gelernt, anders als durch Essen mit Ihren unguten Gefühlen umzugehen.

Sie würden mit all Ihren negativen Gefühlen, die Sie bis jetzt zum Essen bewegt haben, alleine zurückbleiben. Dadurch wären Sie beständig in Gefahr, zu Ihrem alten Eßverhalten zurückzukehren.

Sie würden es bald aufgeben, sich nach den 4 Punkten Natürlich-Dünner zu richten, und sich einmal mehr bestätigen, daß Sie ein 'aussichtsloser Fall' sind.

Deshalb möchte ich Ihnen in diesem Baustein II alles Notwendige mitgeben, daß Sie Ihr Wunschgewicht erreichen und halten und mehr Lebensfreude in Ihrem Leben erfahren können.

Ich möchte Ihnen vermitteln, wie Sie Ihr inneres Selbstgespräch so verändern können, daß Sie sich erst gar nicht so schlecht fühlen, um sich "vollfressen zu müssen".

Fast alle Freßanfälle hängen damit zusammen, daß sich der Übergewichtige einer Situation oder Beziehung hilflos ausgeliefert sieht. Er ist nicht in der Lage, mit Dingen umzugehen, die nicht so laufen, wie er es möchte.

Die Welt ist nicht so, wie er sie gerne haben möchte. Seine Bedürfnisse werden nicht erfüllt. Er haßt sich und fühlt sich unfähig, sich zu verändern. Es sieht für ihn so aus, als ob sich seine Situation niemals verändern würde.

Die Einstellung, die dahintersteht, ist: „Ist es nicht schrecklich? Ich kann nichts dagegen tun".

Aber Sie können etwas dagegen tun. Es gibt eine Lösung.

Sie können sich selbst helfen, indem Sie Ihre negativen Einstellungen verändern. Sie haben alle Fähigkeiten in sich, Ihr Leben zu Ihrer Zufriedenheit zu gestalten.

Sie haben Ihr Leben bis jetzt selbst durch die Macht Ihrer Einstellungen gelenkt, wenngleich vielleicht mehr zum Schlechten als zum Guten.

Auch wenn Sie sich nicht bewußt daran erinnern, haben Sie sich dennoch Ihre Einstellungen irgendwann in Ihrem Leben zugelegt.

Dann haben Sie sich diese Gedanken immer und immer wieder gesagt, bis sie quasi automatisch oder unbewußt waren. Was einmal ins Unbewußte gelangt, wird nicht mehr überprüft, aber bestimmt Ihr Verhalten weiterhin.

So können Einstellungen, die Sie schon in Ihrer Kindheit entwickelt haben, heute noch Ihr Leben bestimmen – obwohl sie lange überholt sind oder Ihnen mehr schaden als helfen.

Um Ihr Leben verändern zu können, müssen Sie diese zum Teil unbewußten Einstellungen wieder ins Bewußtsein holen.

Sie müssen aus Ihrer heutigen erwachsenen Sicht mit der Frage: „Ist das wirklich wahr?" überprüfen und gegebenenfalls neu formulieren.

Diese Neuentscheidungen oder Neuformulierungen müssen Sie dann möglichst oft ganz bewußt wiederholen, damit sie möglichst schnell wieder automatisch werden.

Wenn Sie irgendwann in Ihrem Leben beschlossen haben, zu denken: „Ich werde es niemals schaffen, abzunehmen", oder „Mein Körper ist häßlich", und diese Gedanken oft wiederholt haben, werden diese jetzt automatisch Ihr Verhalten bestimmen.

Sie können sich von solch schädlichen Einstellungen trennen und sich neue Gedanken machen, die Ihnen helfen, Ihr Ziel, natürlich-dünn zu werden, zu erreichen.

Die nächsten Kapitel werden Ihnen dabei helfen, neue hilfreiche Einstellungen zu finden.

Wenn Sie die Macht hatten, sich dahin zu bringen, wo Sie im Augenblick sind, haben Sie auch die Macht, sich anderswohin zu bringen.

Stellen Sie sich vor, Ihr Leben wäre bis jetzt in Form eines Theaterstücks verfaßt. Sie haben sich darin die Rolle des übergewichtigen Hauptdarstellers, der sich nicht mag und dessen Leben öde und trist ist, zugeschrieben.

Nun entscheiden Sie sich, das Drehbuch umzuschreiben. Sie machen Ihre Hauptfigur schlank, zufrieden und geben ihr alles, was Sie sich wünschen.

Auch in Ihrem Leben sind Sie der Autor und Regisseur. Sie können sich in jede Richtung gestalten, die Sie möchten. Schreiben Sie Ihre Rolle um und üben Sie die neue ein. Sie müssen sie zunächst auswendig lernen und einüben, um sich auf der Bühne des Lebens danach verhalten zu können. Anders ausgedrückt: Sie können Ihr Leben bestimmen und sich selbst vom Überessen befreien, wenn Sie sich zunächst geistig von Ihrer alten Rolle befreien. Ein Weg dazu sind: Neue Einstellungen, die Sie sich immer wieder laut und leise vorsagen.

Nun ist die Zeit gekommen, Ihr inneres Selbstgespräch zu verändern. Stoppen Sie Ihre negativen Gedanken und ersetzen Sie diese durch akzeptierende oder positive Gedanken. Wie genau, möchte ich Ihnen in den folgenden Abschnitten vermitteln. Ich werde dort die charakteristischen Einstellungen besprechen, die all Ihre Ängste, Minderwertigkeits-, Ärger- und Schuldgefühle hervorrufen.

Ihr Eßverhalten ist nur ein Symptom, welches anzeigt, daß tief in Ihnen drinnen etwas ‚verkehrt' läuft: Ihr inneres Selbstgespräch.

I Wie kann ich mich selbst mehr akzeptieren?

Ihre Einstellungen zu sich, zu Ihrem Leben und Ihrer Zukunft bestimmen, ob die Erfahrungen in Ihrem Leben eher positiv oder negativ sind.

Ihre Gedanken bestimmen, wie Sie sich fühlen und verhalten. Andere Menschen oder Situationen sind nicht für Ihre Gefühle und Ihr Verhalten verantwortlich. Das sagt uns das ABC der Gefühle. Das Gehirn ist die Kommandozentrale für Ihren Körper und Ihre Gefühle. Das Gehirn verarbeitet, was Sie über sich und andere denken. Woher kommen nun aber die Gedanken über sich und andere?

Wenn wir geboren werden, können wir noch nicht denken. Mit dem Erlernen der Sprache lernen wir, uns und die Ereignisse in der Umwelt zu bewerten. Wir erlernen die Bewertungen ‚gut/schlecht', ‚zu viel/zu wenig', ‚nicht genug', ‚nicht in Ordnung'.

Wir lernen in den ersten Lebensjahren, insbesondere durch unsere Eltern, uns als gesamte Person zu bewerten, d. h. uns eher abzulehnen oder anzunehmen.

Haben wir Eltern gehabt, die uns mehr kritisiert als gelobt haben, die uns wegen Fehlern abgelehnt, nicht beachtet oder in den Arm genommen haben, dann ist die Wahrscheinlichkeit groß, daß wir uns als Erwachsene selbst ebenso behandeln.

Übung

Nehmen Sie sich jetzt einen Augenblick Zeit und notieren Sie sich Sätze über sich, die alle mit: „Ich sollte ...." beginnen. Notieren Sie, welche Forderungen Sie an sich selbst haben; z. B. „Ich sollte ordentlicher sein".

Ich sollte ....

Ich sollte ....

Ich sollte ....

Ich sollte ....

Ich sollte ....

Ich sollte ....

Ich sollte ....

Ich sollte ....

Ich sollte ....

Ich sollte ....

Schauen Sie sich diese Sätze nun noch einmal an und überlegen Sie sich, wieviele dieser Forderungen Sie früher von Ihren Eltern gehört haben. Haben Ihre Eltern Sie früher kritisiert, wenn Sie einen Fehler gemacht oder sich schlecht benommen haben?

Wie häufig haben Sie in Ihrem Leben schon Ihre Eltern verurteilt, weil diese sich in Ihrer Kindheit nicht so verhalten haben, wie Sie es gerne gehabt hätten?

Wie häufig haben Sie schon die Eltern verurteilt, weil diese Sie scheinbar nicht bedingungslos angenommen haben?

Und heute tun Sie sich dasselbe selbst an! Sie kritisieren sich, wenn Sie Fehler machen, und machen sich die gleichen Vorwürfe, die Ihre Eltern Ihnen früher gemacht haben.

(Halt!) Die Tatsache, daß Ihre Eltern Sie nicht vollkommen akzeptiert haben und Erwartungen an Sie gestellt haben, ist kein Grund, daß Sie Ihre Eltern heute verurteilen.

Ihre Eltern haben das getan, was ihnen aufgrund der eigenen Lebensgeschichte und der eigenen Lebensanschauungen möglich war. Das Verhalten der Eltern ist das Resultat aus deren Kindheit und deren Einstellungen. Die Eltern haben das getan, was sie für richtig und für Ihr Bestes angesehen haben. Das war ihr Ausdruck von Liebe und Interesse an Ihnen, auch wenn Sie es nicht so gesehen oder erlebt haben.

Ich verlange nicht von Ihnen, daß Sie das Verhalten Ihrer Eltern jetzt plötzlich gutheißen sollen. Es genügt, wenn Sie es akzeptieren als das Beste, was diese geben konnten.

Wenn Sie die Eltern verurteilen und für Ihr Unglücklichsein und Ihre Probleme verantwortlich machen, dann schaden Sie sich selbst am meisten. Sie haben den Haß auf Ihre Eltern in Ihrem Körper und Haß fühlt sich nicht gut an. Vielleicht wollen Sie Ihre Eltern sogar ignorieren und halten gerade durch Ihr Ignorierenwollen Ihre Eltern immer in Ihrem Gedächtnis. All Ihr Groll und Ihre Wut auf Ihre Eltern können das Geschehene nicht mehr verändern.

Verzeihen Sie deshalb Ihren Eltern, wie diese Sie erzogen und behandelt haben. Beginnen Sie mit Ihrer eigenen Veränderung. Jetzt sind Sie selbst verantwortlich für I h r Denken.

Sie sind es jetzt, der an sich selbst die Forderungen stellt, die früher die Eltern gestellt haben.

Begehen Sie nicht den gleichen Fehler wie Ihre Eltern und kritisieren sich, wenn Sie einen Fehler machen. Machen zumindest Sie es anders und beginnen Sie damit, sich trotz Ihrer Fehler und Schwächen voll und ganz zu akzeptieren.

[Halt!] Vielleicht wenden Sie ein: „Das kann ich nicht. Erst muß ich abgenommen haben, meine Berufsausbildung abgeschlossen haben, usw. Wenn ich mich so akzeptiere, wie ich bin, werde ich überhaupt nichts mehr tun wollen und in meiner Entwicklung stehenbleiben".

Ich behaupte das Gegenteil: So wie Sie sich jetzt behandeln, mit all Ihrer Selbstkritik und Ihren Vorwürfen werden Sie keinen Schritt vorankommen. Oder haben all Ihre Selbstverachtung und Verurteilung Ihnen bis jetzt weitergeholfen? Haben Sie das tatsächlich geändert, wofür Sie sich nun schon so lange ablehnen? Stellen Sie sich vor, Sie würden ein kleines Kind ununterbrochen beschimpfen, tadeln und ihm sagen: „Du hättest das wissen müssen. Du hättest das anders machen müssen. Wie konntest du dich nur so dumm anstellen. Du bist ein Versager. Aus dir wird nie etwas".

Was würde mit dem Kind passieren? Es würde immer mutloser werden und immer häufiger Fehler machen. Es würde mit der Zeit Ihre Prophezeiungen erfüllen.

Stellen Sie sich nun vor, Sie würden das Kind stattdessen in Ihren Arm nehmen und ihm sagen: „Ich weiß, daß du dich angestrengt hast. Das kann jedem passieren, daß er Fehler macht. Ich habe dich trotzdem lieb. Das nächste Mal wird es dir auch schon besser gelingen. Laß uns einmal zusammen anschauen, was du besser machen kannst".

Wie würde es dem Kind dann gehen? Es würde sich nicht ablehnen und verurteilen. Es würde sich von Ihnen angenommen fühlen und sich deshalb selbst auch annehmen können. Es würde Vertrauen in sich und seine Fähigkeiten bekommen. Diese positive Einstellung zu sich wird ihm ein positives

Gefühl geben. Es würde sich darum bemühen, es das nächste Mal besser zu machen.

Sie haben dieses kleine Kind noch in Ihrem Innern. Geben Sie ihm die Wärme und Zuneigung, nach der es sich immer gesehnt hat. Akzeptieren Sie sich in jedem Augenblick, so wie Sie sind.

Halt! Sich zu akzeptieren, bedeutet nicht, selbstherrlich umherzugehen. Es bedeutet schlicht und einfach, sich mit all seinen Fehlern und Schwächen, aber auch seinen Stärken anzunehmen.

Nur wenn Sie j e t z t beginnen, sich voll und ganz zu akzeptieren, werden Sie sich ausgeglichen und zufrieden fühlen. Sie haben es verdient, sich zu mögen und zufrieden zu sein. Sind Sie bereit zu diesem wichtigen Schritt? Dann beginnen Sie sogleich mit einer kleinen Übung.

Stellen Sie sich vor einen Spiegel und schauen Sie sich in die Augen. Sprechen Sie sich mit Ihrem Vornamen an und sagen Sie sich l a u t und deutlich:

„ .... (Ihr Vorname), ich bin bereit, dich so zu akzeptieren, wie du bist. Ich mag dich so, wie du bist''.

Sprechen Sie zu sich wie zu Ihrer allerbesten Freundin. Versuchen Sie, diese Wärme und das liebevolle Gefühl sich selbst gegenüber zu bekommen, das Sie der Freundin gegenüber empfinden.

Sie sind sich selbst die beste Freundin; die Freundin, die Sie niemals verlassen wird, die Sie niemals verlieren können. Wenn Sie sich selbst hassen, ist es, als ob Sie dem größten Feind ununterbrochen gegenüberstehen. Wollen Sie sich das weiterhin antun?

Halt! Ignorieren Sie bei dieser Übung aufkommende Gedanken wie: „Das ist albern und kindisch'', „Das kann ich nicht'', „Das ist zu künstlich'', „Meine Stimme klingt künstlich'',

„Ich bin unehrlich", „Das kann ich nicht, erst muß ich mich ändern", usw.

Diese Gedanken müssen kommen, weil Sie all die Jahre das Gegenteil zu sich gesagt haben.

Wenn ich Ihnen die Aufgabe gegeben hätte, sich im Spiegel anzuschauen und zu sagen: „Du bist der größte Versager, der herumläuft", „Du bist häßlich", „Du bist nicht in Ordnung", usw. hätten Sie dann auch solche Bedenken gehabt, daß das übertrieben ist und nicht stimmt? Hätten Sie sich dann auch gefühlt, als ob Sie sich belügen? Höchstwahrscheinlich nicht, weil Sie solcherlei Kommentare von sich gewöhnt sind.

Tagtäglich sagen Sie sich hunderte Male abwertende Dinge wie: „Ich bin zu dick, zu groß, dumm, ein Versager, zu schwach, eine Null, nicht gut genug", und Sie fühlen sich infolgedessen minderwertig und ablehnenswert.

Aber lassen Sie sich nicht von Ihren Gefühlen täuschen! Ihre Gefühle sind von Ihnen selbst geschaffen. Sie haben keinen Wahrheitswert, sondern sind lediglich das Resultat Ihrer eigenen Einstellungen. Sie besagen absolut nichts über die Wirklichkeit.

Auch wenn ich Sie überhaupt nicht kenne, behaupte ich: die Wirklichkeit ist, daß Sie absolut liebenswert sind, genauso wie Sie sind – ohne Wenn und Aber. Sie haben das Recht, diese Tatsache nicht zu glauben, aber denken Sie daran: Das ändert auch nichts an der Wirklichkeit.

Wie sich Selbstablehnung äußern kann

Wenn Sie von sich glauben, nicht liebenswert zu sein, werden Sie auch nicht annehmen können, daß andere Sie mögen. Werden Sie z. B. rot, wenn Sie ein Kompliment bekommen oder im Mittelpunkt stehen? Oder werten Sie Lob ab, indem Sie sich im Stillen sagen: „Der will nur etwas von mir, deshalb lobt er mich", oder „Wenn der wüßte, wie ich wirklich bin, dann würde er mich nicht loben". Reagieren Sie auf Lob, indem Sie sofort auf Ihre Schwächen verweisen? Dann sind dies ernste Anzeichen dafür, daß Sie sich selbst nicht akzeptieren und mögen.

Weitere Indizien sind, wenn Sie sich hohe, unerreichbare Ziele setzen, alles hundertprozentig machen wollen, oder aber, wenn Sie ein Ziel erreicht haben, sofort an das nächsthöhere denken, ohne sich über das erreichte zu freuen.

Auch die Tatsache, Angst vor jeder neuen Aufgabe oder einem neuen Hobby zu haben, deutet auf eine Selbstabwertung hin. „Die anderen könnten ja erkennen, wie unfähig ich bin". Begründen Sie Ihren Erfolg mit: „Das war Zufall oder Glück", und jeden Mißerfolg mit: „Ich bin ein Versager", dann spricht auch dies dafür, daß Sie sich nicht mögen.

Eine Folge davon, sich nicht zu mögen, ist, verletzbar durch die Meinung oder das Handeln anderer Menschen zu sein.

Wenn Sie sich nicht mögen, werden Sie schnell dabei sein, zu denken: „Der andere mag mich nicht, er hat etwas gegen mich".

Um es noch einmal zu betonen: Es geht nicht darum, vor den Spiegel zu treten und zu sagen: „Spieglein, Spieglein an der Wand, wer ist die Schönste im ganzen Land?" Ich spreche nicht davon, daß Sie beständig ,überheblich und eingebildet' mit stolz geschwellter Brust herumlaufen und voller Begeisterung über sich selbst andere Menschen vergessen sollen. Ganz abgesehen davon, daß Sie noch meilenweit davon entfernt sind, meine ich, sich selbst in jedem Moment zu akzeptieren mit all seinen Schwächen und Stärken.

[Halt!] „Aber wenn ich es doch fühle, daß ich minderwertig bin".

Diesen Satz höre ich tagtäglich in meiner Praxis. Ich reagiere dann jeweils so darauf: „Ich glaube Ihnen vollkommen, daß Sie sich minderwertig fühlen, aber Ihr Gefühl ist kein Beweis dafür, daß Sie tatsächlich minderwertig sind.

Die Tatsache, daß Sie sich minderwertig fühlen, zeigt mir nur, daß Sie negative Einstellungen zu sich haben. Sie sagen sich z. B. Dinge wie: Ich bin nicht in Ordnung, zu dumm, zu dick, zu faul, usw. Da Ihre Einstellungen bestimmen, wie Sie sich fühlen, müssen Sie sich zwangsläufig minderwertig fühlen. Wir werden aber nicht geboren als wertvolle, minderwertige oder gar wertlose Menschen. Von Geburt an sind wir alle g l e i c h w e r t i g. Wir haben unterschiedliche Eigenschaften, Fähigkeiten und Verhaltensweisen. Das ist alles.

Es ist unsere ganz persönliche Entscheidung, uns wegen bestimmter Eigenschaften als ‚minderwertig' oder ‚nicht gut genug' einzuschätzen''.

 Sie alleine bestimmen, was Sie als ‚wertvoll' und ‚minderwertig' einstufen. ‚Wertlose' Menschen gibt es nicht, denn es gibt keine Regeln und Gesetze, wonach wir sie bestimmen können. Sie existieren nur in der Phantasie der Menschen.

Es ist hilfreich, sich zu sagen: „Das ist mir nicht gelungen. Das möchte ich das nächste Mal besser machen. Ich bin trotzdem in Ordnung''. Dann wird Ihnen das Erkennen des Fehlers helfen, sich zu verbessern.

Es ist hilfreich, sich zu sagen: „In diesem Bereich hat der andere mehr Fähigkeiten. Ich habe dafür andere Bereiche, in denen ich meine Stärken habe. Ich tue es, so gut ich kann. Vielleicht kann ich von ihm noch etwas lernen''. Dann können Sie sich Ihren Fähigkeiten entsprechend weiterentwickeln und auch um Unterstützung bitten.

Sich als Versager zu beschimpfen, stimmt nicht mit der Wirklichkeit überein. Es gibt Menschen, die Fehler machen oder in bestimmten Bereichen nicht so gut sind wie in anderen, aber es gibt keine Versager.

 Sie sind niemals dasselbe wie Ihre Eigenschaften und Verhaltensweisen. Sie sind ein Mensch, der aus einer unendlichen Fülle von entdeckten und noch nicht entdeckten

Fähigkeiten, Eigenschaften und Verhaltensweisen besteht. Die Anerkennung und Liebe zu sich müssen Sie sich nicht erst durch Leistung verdienen.

Sie haben Ihre bedingungslose Anerkennung verdient, allein deshalb weil Sie existieren. Geben Sie sich die Anerkennung, die Sie sich schon immer von anderen gewünscht haben.

[Halt!] Sie sind nicht weniger wert, weil Sie dick sind. Wenn Sie sich ablehnen und verurteilen, solange Sie dick sind, werden Sie immer dick bleiben. Selbstverurteilung und Verachtung führen zu Verzweiflung und Unglücklichsein. Diese Gefühle sind jedoch bei den meisten Übergewichtigen Ursachen für das Überessen.

Wenn ich Sie fragen würde: ,,Was ist wertvoller eine Rose oder eine Taubnessel", was würden Sie mir antworten?

Ich könnte behaupten, die Rose ist wertvoller, weil sie teurer ist, duftet, Dornen hat, schöner aussieht. Sie könnten behaupten, die Taubnessel ist wertvoller, weil sie wild wächst, Heilkraft hat, nicht hochgezüchtet ist. Wir könnten uns darüber streiten, wer Recht hat, aber im Grunde genommen gibt es keine Antwort darauf. Je nachdem, was jeder von uns für wichtig hält, ist ihm die Rose oder die Taubnessel wichtiger und mehr wert.

Und so ist es auch bei menschlichen Eigenschaften.

Sie selbst setzen die Maßstäbe für Ihre Person und Ihr Verhalten. Meistens beurteilen Sie andere dabei milder als sich. Es liegt an Ihnen, sich zu entscheiden, sich so zu akzeptieren, wie Sie im Augenblick sind.

Gehen Sie nicht nach Ihrem Gefühl. Es ist die Folge Ihrer alten Einstellungen, Ihres alten Programms, das Sie hunderte Male abgespielt haben. Richtiger wird es dadurch nicht - aber es wird zur Gewohnheit und ,,es fühlt sich richtig an".

84

Schreiben Sie sich ein neues Programm, eine neue Rolle. Ihre Eltern haben keinen Einfluß mehr auf Ihr Denken und Fühlen. Sie führen jetzt die Regie in Ihrem Leben und bestimmen, wie Sie denken, fühlen und handeln. Sie sind darin noch ungeübt, aber Sie können lernen, ein guter Regisseur Ihres Lebens zu werden.

Wenn Sie beginnen, anders zu denken, wird sich auch Ihre Zukunft anders gestalten. Sie haben die freie Wahl Ihrer Gedanken.

Übungen

Nehmen Sie sich für folgende Übungen 30 Minuten Zeit.

Diese Übungen werden Ihnen dabei helfen, sich selbst zu akzeptieren und zu mögen.

1. Machen Sie sich eine Liste von Ihren Eigenschaften, die Sie für positiv halten.

Wenn es Ihnen schwerfällt, positive Eigenschaften zu finden, dann stellen Sie sich folgende Frage: ,,Wenn ich eine Freundin hätte, die meine Eigenschaften besitzen würde, welche würde ich dann für positiv halten?''

Für die meisten Menschen ist es einfacher, bei anderen positive Eigenschaften zu entdecken als bei sich selbst.

Lesen Sie sich die Liste Ihrer positiven Eigenschaften TÄGLICH durch. (Die Liste negativer Eigenschaften haben Sie bereits gut einstudiert. Um diese brauchen Sie sich nicht bewußt zu sorgen).

2. Akzeptieren Sie Ihr Gefühl, ,,daß Sie sich belügen'', wenn Sie sich sagen, daß Sie sich mögen. Lassen Sie es vorüberziehen.

Betrachten Sie das Selbstakzeptieren als eine neue Rolle, die Sie für sich einstudieren. Am Anfang wirken neue Rollen immer unecht. Beim 1. Durchlesen einer neuen Rolle hat ein Schauspieler noch nicht die Gefühle, die zu dieser Rolle gehören. Erst wenn er seine Rolle einstudiert und sie auswendig gelernt hat, bekommt er die passenden Gefühle. Je besser er die Rolle lernt, desto überzeugender wirkt er.

Ihre neue Rolle ist, einen Menschen zu spielen, der sich mag und glaubt, liebenswert zu sein. Warten Sie nicht darauf, daß sich zuerst Ihr Gefühl, daß Sie sich glauben und sich tatsächlich mögen, einstellt. Dieses Gefühl kann zu Beginn überhaupt nicht dasein, da Ihre Gedanken Ihre Gefühle bestimmen. Und bis jetzt haben Sie noch nicht oder nur selten gedacht, daß Sie sich akzeptieren und mögen.

Das Gefühl, „sich zu belügen", ist zunächst der Beweis dafür, daß Sie schon begonnen haben, sich zu verändern.

Es m u ß mit der Zeit verschwinden, wenn Sie sich immer wieder Ihre neuen akzeptierenden Gedanken sagen.

3. Beginnen Sie, sich j e t z t zu akzeptieren. Es gibt keinen Sinn, sich weiterhin selbst abzulehnen, weil Sie in der Vergangenheit jemand nicht mochte.

Es gibt auch keinen Sinn, sich abzulehnen, weil Sie sich in der Vergangenheit nicht so verhalten haben, wie Sie es sich gewünscht hätten.

Beginnen Sie, sich zu verzeihen, daß Sie in der Vergangenheit nicht so waren, wie Sie gerne gewesen wären.

Beginnen Sie, anderen zu verzeihen, daß diese in der Vergangenheit nicht so waren, wie Sie sie gerne gehabt hätten.

Sie haben in der Vergangenheit das Beste getan, was Ihnen aufgrund Ihrer Lebensgeschichte und Ihrer persönlichen Einstellungen möglich war.

Alle anderen haben in der Vergangenheit das Beste getan, was ihnen aufgrund ihrer Lebensgeschichte und ihrer persönlichen Einstellungen möglich war.

Sagen Sie sich häufig und laut: „Ich bin bereit, zu akzeptieren, daß ich so bin, wie ich bin".

,,Ich bin bereit, zu akzeptieren, daß andere so sind,
wie sie sind''.

4. Stellen Sie sich TÄGLICH vor den Spiegel, schauen Sie
sich in die Augen und sagen Sie sich laut:
,, ... (Ihr Vorname), ich mag dich, so wie
du bist''.

[Halt!] Nicht schummeln. Stellen Sie sich vor den Spiegel und
schauen Sie sich direkt in die Augen, nicht auf die Haare,
die Falten, etc. - auch wenn Widerstand in Ihnen aufkommt.
Der Spiegel ist deshalb so wichtig, weil Sie die allerersten
Botschaften über Ihre Person auch durch ein Gegenüber,
nämlich durch Ihre Eltern bekommen haben.

Schauen Sie sich Ihren Körper im Spiegel von oben bis
unten an und schließen Sie ihn in Ihre Anerkennung ein. Es ist
der einzige Körper, den Sie haben. Wenn Sie ihn hassen, ist die
Wirkung vergleichbar damit, daß Sie Ihr ganzes Leben mit
einer potthäßlichen Handtasche herumlaufen, die Sie niemals
ablegen können.
Ihr Körper ist das Resultat Ihrer Einstellungen.
Wenn Sie Ihre Einstellung verändern, wird er sich ebenfalls verändern. Ihre Selbstakzeptanz und Selbstachtung im
Augenblick sind die Schlüssel zu Ihrem neuen Körper.

5. Stellen Sie jede Selbstverurteilung und Abwertung ab
sofort ein.

Wenn Sie sich ständig selbst kritisieren, ist es vergleichbar
damit, daß Sie ununterbrochen mit einer Freundin zusammen
sind, die Sie beständig kritisiert. Würden Sie sich das antun?
Selbstkritik hilft Ihnen nicht, sich zu verändern.
  Selbstverurteilung führt zu Gefühlen von Groll und Depression. Schauen Sie einmal in der Vergangenheit nach:

Jedes Mal, wenn Sie sich gut gefühlt haben, hat alles in Ihrem Leben geklappt, oder? Sich selbst zu akzeptieren, ist der beste Weg zum Erfolg.

6. Sie sind liebenswert und fähig wie jeder andere Mensch. Deshalb haben Sie genauso ein Recht auf Ihre Zufriedenheit wie jeder andere.

Erinnern Sie sich daran: Ich habe das Recht,

*   mich an die erste Stelle zu setzen. Ich bin nicht der Diener für andere Menschen,

*   meine Gefühle zu zeigen, solange ich niemanden damit schade,

*   Fehler zu machen,

*   meine Meinung zu äußern,

*   allein zu sein, auch wenn andere meine Gesellschaft wünschen,

*   nein zu sagen,

*   andere um Unterstützung zu bitten,

*   die Verantwortung für die Probleme oder das Glück anderer nicht zu übernehmen. Andere sind für ihre Gefühle selbst verantwortlich.

7. Heben Sie sich eine leere Pralinenschachtel auf. Füllen Sie diese mit kleinen Kärtchen, auf die Sie Komplimente schreiben, die Ihnen andere oder Sie sich selbst gegeben haben.

Fragen Sie Ihre Freunde, Eltern, den Partner, was diese an Ihnen mögen und notieren Sie sich dies ebenfalls.

Holen Sie sich, wenn es Ihnen schlecht geht, die Pralinenschachtel hervor und lesen Sie sich die Kärtchen solange laut vor, bis es Ihnen besser geht.

8. Nehmen Sie sich, wenn Sie morgens aufwachen, noch einen Augenblick Zeit und rufen Sie sich folgendes in Erinnerung: „Mein Körper verdient Achtung und Wertschätzung. Ich bin bereit, ihn zu mögen".

II Die Macht der Vorstellungen

Bis jetzt haben wir darüber gesprochen, wie Sie Ihr inneres Selbstgespräch bewußt verändern können, indem Sie Ihre alten Überzeugungen und Einstellungen durch neue ersetzen. Es gibt noch eine weitere wirksame Methode, sich zu ändern: die Vorstellungsübung.

Das menschliche Gehirn ist in zwei große Teile untergliedert. Bei den Rechtshändern ist die linke Hirnhälfte zuständig für Logik, Verstand, Schreiben, Lesen, etc., die rechte Hirnhälfte für Phantasie, Raumvorstellung, Kreativität, Gewohnheit, etc.

Die rechte Hirnhälfte ist zuständig für alte eingefahrene Einstellungen, sozusagen für das, was wir „im Schlaf können".

Was wir neu lernen, wird zunächst in der linken Hirnhälfte empfangen und verarbeitet. Die rechte Hirnhälfte übernimmt dann blind, was ihr von der linken gemeldet wird. Beispielsweise ist in der rechten Hirnhälfte gespeichert, wie Sie gehen, sprechen, essen, etc.

Dort ist auch gespeichert, welches Bild Sie von sich selbst haben. Wenn Sie gewohnt sind, sich als dicken Menschen mit überdimensionalen Hüften und Oberschenkeln zu sehen, hat dieses Bild einen Einfluß auf Ihre Gefühle und Ihr Handeln.

Wollen Sie schlank werden, ist es hilfreich, sich als erstes ein Bild davon zu machen, wie Sie schlank aussehen möchten.

Dabei ist es nicht wichtig, ob Ihr Gewicht auf dem Phantasiebild dem Gewicht entspricht, welches Sie laut der üblichen Standardtabelle (Körpergröße minus 100) haben sollten.

Wichtig ist, den Körper zu sehen, den S I E gerne haben möchten und bei dem Sie sich wohlfühlen.

Lassen Sie sich keine Idealfigur durch die Werbung einreden. Die Werbung ist darauf aus, Ihnen ihre Produkte zu verkaufen. Sie muß Ihnen zuerst sagen, wie „arm Sie dran sind". Dann wird sie Ihnen ihr Produkt anpreisen, das „alles wieder gutmacht".

[Halt!] Dünnsein bedeutet nicht automatisch, glücklich und erfolgreich sein. Der ‚ideale' Körper ist nicht automatisch der Schlüssel zur Macht.

Für die Erreichung Ihres Wunschgewichtes ist ausschlaggebend, wie Sie sich gerne sehen möchten. Es ist wichtig, daß Sie mit Ihrem Gewicht zufrieden sind. Denken Sie bei der Auswahl des Wunschgewichtes daran, daß Sie die Grundzüge Ihres Körpers nicht vollkommen verändern können. Breite Hüften oder schmale Schultern werden immer in ihrer Grundstruktur erhalten bleiben. Sie sind von der Natur aus in Ihrer Einzigartigkeit erschaffen worden, warum wollen Sie sich dann zu einem Einheitsmenschen machen?

Wenn Sie sich für Ihr Wunschgewicht bzw. Ihre Wunschfigur entschieden haben, geht es darum, dieses Bild von sich möglichst schnell in die rechte Hirnhälfte zu bekommen, d. h. automatisch zu machen.

 Sobald es Ihnen zur Gewohnheit geworden ist, sich mit Ihrer Wunschfigur zu sehen, werden Sie sich danach verhalten, sie zu erreichen. Sie benötigen zunächst ein geistiges Bild, bevor Sie sich danach verhalten können.

Dieses Bild können Sie sich auf verschiedene Arten einprägen:

1. durch die Vorstellungsübung:
    Besonders gut klappt die Vorstellungsübung, wenn Sie entspannt sind. Deshalb möchte ich Ihnen hier zunächst eine kurze effektive Entspannungstechnik beibringen, die Sie auch in allen anderen Situationen, in denen Sie angespannt sind, gut einsetzen können.

Entspannungsübung:

Atmen Sie etwas tiefer ein, als Sie das gewöhnlich tun. Dann atmen Sie in e i n e r Bewegung wieder aus, o h n e den Atem nach dem Einatmen anzuhalten. Wenn Sie ausgeatmet haben, halten Sie Ihren Atem für ca. 6 bis 10 Sekunden an. Finden Sie selbst heraus, welche Zeit für Sie am angenehmsten ist. Zählen Sie in Gedanken von 1001 bis 1006 oder 1010.

Nachdem Sie den Atem angehalten haben, atmen Sie wieder ein, atmen in einer Bewegung wieder aus, ohne den Atem anzuhalten, und halten ihn dann für weitere 6 bis 10 Sekunden an.

Wiederholen Sie diese Atemübung für 2 bis 3 Minuten bzw. so lange, bis Sie deutlich entspannt sind.

Wenn Sie entspannt sind, stellen Sie sich vor, wie Sie genau die Figur haben, die Sie erreichen möchten. Stellen Sie sich ganz lebendig vor, wie Sie sich dann anziehen möchten, wie Sie sich bewegen, wen Sie treffen, welche Aktivitäten Sie unternehmen möchten.

Je deutlicher Sie sich dieses Bild ausmalen und je mehr Sie sich dabei auch vorstellen, sich gut zu fühlen, desto mehr werden Sie danach streben, es zu erreichen.

Machen Sie diese Vorstellungsübung täglich mindestens dreimal für 10 Minuten. Nutzen Sie dazu auch Situationen mit ‚Leerlauf' aus, wie etwa in der Schlange stehen, bügeln, Zähne putzen, im Stau stehen, spazierengehen. Sie können in diesen Situationen zwar im Vorab keine Entspannungsübung machen, aber es genügen auch die Vorstellungen.

2. Lassen Sie sich Ihr Wunschgewicht in einen Anhänger oder in ein Armband eingravieren.
   Tragen Sie den Anhänger oder das Armband immer an Ihrem Körper. Jedesmal, wenn Sie darauf schauen, werden Sie an Ihr Ziel erinnert werden.

3. Schreiben Sie Ihr Wunschgewicht auf einen Zettel, den Sie in Ihrem Geldbeutel mitführen und immer wieder anschauen.

4. Überkleben Sie die Skala Ihrer Waage vollkommen mit der Zahl Ihres Wunschgewichtes. Wann immer Sie auf die Waage steigen, werden Sie dann Ihr Wunschgewicht vor Augen haben.

5. Suchen Sie sich aus Ihrem Fotoalbum ein Bild von sich heraus, auf dem Sie Ihre Wunschfigur haben. Falls es kein solches Bild von Ihnen gibt, nehmen Sie sich ein paar Frauenzeitschriften hervor. Basteln Sie sich Ihre Wunschfigur zusammen. Schneiden Sie aus einem alten Bild von sich Ihren Kopf heraus und geben Sie ihn der Wunschfigur als Kopf. Schauen Sie sich dieses Bild so oft wie möglich an, damit diese Vorstellung möglichst schnell in Ihr Unterbewußtsein gelangt.

Ist es einmal dort gespeichert, müssen Sie sich danach verhalten. Das ist das Phantastische dabei: Ihre Gedanken und Vorstellungen bestimmen vollkommen Ihr Gefühl und Verhalten.

 Je mehr Sie sich Ihr Ziel lebendig in Ihrer Phantasie ausmalen, um so mehr werden Sie angespornt, es umzusetzen.

Lassen Sie uns die Wirksamkeit der Vorstellungen noch an einem anderen Beispiel anschauen:

Angenommen Sie wollen sich in einem Jahr ein neues Auto kaufen. Sie wissen nur, daß es ein neues Auto sein soll, nicht mehr. Wie motiviert werden Sie wohl sein, dafür zu sparen? Wohl nicht sehr stark.

Jetzt nehmen wir an, Sie wollen sich in einem Jahr ein neues Auto kaufen und wissen schon genau, welcher Autotyp, welche Farbe, welche Innenausstattung es sein wird.

Ja, Sie sehen sich schon im Auto spazierenfahren; Sie sehen die Bewunderung der Nachbarn und Freunde; Sie stellen sich vor, wie Sie das Auto voll und ganz genießen.

Welchen Einfluß hätte diese Vorstellung wohl auf Ihren Alltag? Wahrscheinlich einen sehr großen. Sie würden jedes Mal, wenn Sie eine größere Menge Geld ausgeben würden, überlegen, ob der Autokauf nicht wichtiger ist. Sie wären schon voller Vorfreude auf Ihr neues Auto und das Sparen würde Ihnen leichter fallen.

Nutzen Sie also die Macht Ihrer Vorstellungen für Ihr Ziel, natürlich-dünn zu werden. Stellen Sie sich täglich ganz genau vor, wie Sie aussehen möchten und wie Sie sich fühlen und verhalten möchten. Dann fällt Ihnen Ihr neues Eßverhalten im Alltag auch leichter. Sie wissen, warum Sie sich so verhalten: für Ihre Wunschfigur und die Freude, die Sie daran haben werden.

III Wie kann ich meine Angst vor Ablehnung abbauen?

Viele Menschen greifen dann zum Essen, wenn sie sich verletzt, gekränkt oder von anderen abgelehnt fühlen. Sie sehen sich mit ihren Gefühlen anderen hilflos ausgeliefert. Sie fühlen sich gut, wenn andere sie loben und wichtig nehmen. Sie fühlen sich schlecht, wenn andere sie wenig oder gar nicht beachten, kritisieren, nicht grüßen, wenig mit ihnen reden, etc.

Sie sind ständig auf der Suche nach Anerkennung und Beachtung. Wenn sie diese nicht bekommen, geben sie sich diese selbst dadurch, daß sie essen. Sie suchen Trost und füllen ihre innere Leere und Unzufriedenheit mit Essen aus.

Essen kann hier jedoch nur ein kurzfristiges Mittel sein, um sich besser zu fühlen. Langfristig verstärkt sich die Unzufriedenheit sogar, denn die Übergewichtigen verurteilen sich meist zusätzlich für ihren Freßanfall. Lassen Sie uns diesen Teufelskreis noch einmal genauer anschauen:

Ich bin nicht in Ordnung, nicht gut genug
und brauche deshalb die Anerkennung durch andere

↗

ich bin unglücklich und esse   ↓

             ein anderer lehnt mich ab und
↑   das ist schlimm

ich hätte nicht essen dürfen; ich bin
nicht in Ordnung und bekomme   ↓
Schuldgefühle

↖   ich fühle mich unglücklich und esse

Wie wir aus dem Kreislauf ersehen können, fängt das Problem zunächst damit an, daß Sie sich nicht akzeptieren und mögen, wie Sie sind. Sie sagen sich: „Ich bin nicht gut genug". Da Sie sich selbst ablehnen und schlecht über sich denken, schaffen Sie sich Gefühle von Minderwertigkeit und Unglücklichsein.

Um diesen negativen Gefühlen und dem Selbsthaß zu entgehen, suchen Sie Hilfe und Unterstützung bei Ihrer Umwelt. Sie bemühen sich um die Anerkennung durch andere.

Nur in den anderen sehen Sie die Möglichkeit, daß es Ihnen besser geht. Der Preis, den Sie bereit sind, dafür zu zahlen, ist: Verzicht auf die Äußerung eigener Bedürfnisse und Meinungen, Verzicht darauf, Neues auszuprobieren, Bestreben, alles perfekt zu tun, Verzicht darauf, negative Gefühle zu zeigen, Gefühle der Hilflosigkeit anderen gegenüber.

Günstigstenfalls ist der andere bereit, Ihnen Beachtung und Anerkennung zu schenken. Dann geht es Ihnen kurzfristig gut. Gleichzeitig taucht jedoch die Sorge auf, wie lange Sie gut bei dem anderen ankommen werden. Sie haben Angst, die Anerkennung zu verlieren und auf Ihren Selbsthaß zurückgeworfen zu werden.

Wenn der andere Ihnen trotz Ihrer intensiven Bemühungen keine Beachtung und Anerkennung schenkt, bleiben Sie mit all Ihren unangenehmen Gefühlen zurück und fühlen sich einmal mehr bestätigt, ‚nicht in Ordnung zu sein'.

Bis jetzt lösten Sie die Situation so, daß Sie zum Essen gegriffen haben, um sich zufriedener zu machen.

Nicht genug damit, daß Sie sich anderen und deren Zu/ Abwendung ausliefern, bestrafen Sie sich nun noch mit Schuldgefühlen und Groll, „wieder mal gegessen und damit versagt zu haben".

Vielleicht produzieren Sie dann einen erneuten Freßanfall, um all diese Schuldgefühle ertragen zu können und „da ja eh alles egal ist".

Kommt Ihnen dieser Kreislauf bekannt vor? Dann wird es höchste Zeit, ihn zu durchbrechen.

Wie kann ich diesen Kreislauf durchbrechen?

Ihr Problem ist nicht das Essen. Jeder Mensch sucht sich seine Strategie, mit Minderwertigkeitsgefühlen, Enttäuschung und Gekränktsein umzugehen. Die einen wählen Essen, Tabletten oder Alkohol, andere schlafen, arbeiten fanatisch, stürzen sich in ein Hobby, etc.

Sie haben sich eine Strategie gewählt, die Ihrem Körper und der Gesundheit schadet. Offensichtlich war das jedoch die Strategie, die Ihre Bedürfnisse am besten befriedigt hat und Ihnen in der Vergangenheit als die geeignetste erschien.

Wenn Sie sich nun das Essen verbieten oder sich deshalb Schuldgefühle machen, setzen Sie am falschen Punkt an.

Akzeptieren Sie zunächst das Essen als die Strategie, für die Sie sich irgendwann einmal entschieden haben.

Setzen Sie stattdessen an Ihrer Angst vor Ablehnung an. Sie machen sich Angst vor Ablehnung, weil Sie sich der Ablehnung durch andere hilflos ausgeliefert sehen. In Ihren Augen führt Ablehnung zwangsläufig zu Gefühlen von Verletztsein und Gekränktsein.

 Das muß nicht sein! Sie haben die Entscheidung, wie Sie damit umgehen, wenn Sie jemand kritisiert, nicht beachtet, auslacht oder beschimpft. Sie sind der Meister über Ihre Gefühle und Ihr Verhalten.

Lassen Sie uns hierzu einmal ein Beispiel nach dem ABC der Gefühle anschauen:

A die Situation ist:
   Sie laufen die Straße entlang. Ihnen kommt ein guter Bekannter auf Ihrer Straßenseite entgegen und läuft an Ihnen vorbei, ohne Sie zu grüßen.

B Sie denken:
   Jetzt ist der auch nicht mehr an mir interessiert. Mich mag niemand. (negative Bewertung)

C Sie fühlen und verhalten sich:
   Sie fühlen sich gekränkt und unglücklich. Im nächsten Bäckerladen kaufen Sie sich etwas Süßes.

An diesem Beispiel können Sie erkennen, daß Sie darüber entscheiden, wie es Ihnen geht. Sie interpretieren die Situation so, daß sie zu Ihrer Meinung über sich selbst paßt. Ihre Meinung über sich sieht so aus: „Niemand mag mich. Ich bin unwichtig". Sie hätten in genau der gleichen Situation vollkommen anders reagieren können, wenn Sie eine andere Meinung über sich gehabt hätten.

A die Situation ist:
   Sie laufen die Straße entlang. Ihnen kommt auf der

gleichen Straßenseite ein guter Bekannter entgegen und läuft an Ihnen vorbei, ohne Sie zu grüßen.

B   Sie denken:
Ich weiß nicht, warum er mich nicht gegrüßt hat. Wahrscheinlich war er in Gedanken. Ich werde ihn einmal anrufen und fragen, weshalb er mich nicht gegrüßt hat. (neutrale Bewertung)

C   Sie fühlen und verhalten sich:
Sie sind leicht enttäuscht, gehen nach Hause und rufen ihn an.

[Halt!] Ich möchte mit diesem Beispiel nicht sagen, daß es nicht sein könnte, daß der Bekannte Sie nicht mag. Worauf es mir ankommt, ist, daß Sie zunächst nicht wissen, weshalb er Sie nicht gegrüßt hat, und dann einfach eine Erklärung annehmen. Diese Erklärung bestimmt dann jedoch Ihre Gefühle, gleichgültig ob sie aus der Luft gegriffen ist oder zutrifft.

Unsere Erklärungen entsprechen nicht immer den Tatsachen

Häufig wissen wir nicht, warum sich andere so verhalten, wie sie es tun. Wir greifen uns dann eine Erklärung aus vielen möglichen Erklärungen heraus und betrachten diese als richtig.

Diese Erklärung bestimmt dann unsere Gefühle und unser Verhalten. Da diese Erklärungen häufig willkürlich gewählt sind und nicht den Tatsachen entsprechen, schaffen wir uns negative Gefühle, die wir uns ersparen könnten.

Unsere Erklärungen sind häufig fehlerhafte Verallgemeinerungen von Erfahrungen aus der Vergangenheit („Das war bis jetzt immer so") oder Übertreibungen („Das kann ich nicht ertragen", „Niemand mag mich", „Immer mache ich Fehler").

Es ist gleichgültig, ob diese Erklärungen zutreffen oder nicht, sie bestimmen unsere Gefühle und unser Verhalten. Deshalb ist es hilfreich, sich anzugewöhnen, die eigenen Erklärungen oder Gedanken mit folgender Frage kritisch zu überprüfen:

„Ist es wirklich so? Wo sind die Beweise?"

Z. B. „Ist es wirklich so, daß er mich nicht mehr mag, nur weil er mich heute nicht gegrüßt hat? Gibt es noch andere Erklärungen?" „Ist es wirklich so, daß er mich nicht beachtet?" Wenn Sie die Frage mit: „Ich weiß es nicht", oder mit „nicht immer" beantworten können, werden sich Ihre Gefühle und Ihr Verhalten verändern. Wenn Sie die Frage mit „ja, er beachtet micht nicht", beantworten können, sollten Sie sich an folgendes erinnern:

„Ich bin ein liebenswerter Mensch. Daran ändert sich nichts, auch wenn andere mich nicht beachten oder gar beschimpfen.

Solange mich niemand körperlich angreift, bin ich nur soweit verletzbar, als ich es zulasse. Meine Einstellung zu mir bestimmt, wie sehr ich mich anderen ausliefere. Wenn ich eine positive Einstellung zu mir habe, bin ich nicht auf eine beständige Anerkennung von außen angewiesen - wenngleich das angenehm ist. Ich brauche als Erwachsener noch nicht einmal mehr die Anerkennung von den Menschen, die mir am wichtigsten sind. Es wird mir niemals gelingen, von jedem mir wichtigen Menschen Anerkennung zu bekommen.

Wenn ein anderer mich anerkennt, sagt dies nichts darüber aus, wie liebenswert und wichtig ich bin. Es sagt lediglich etwas über die Wünsche und Vorlieben des anderen aus.

Wenn ich der Meinung bin, Gänseblümchen sind die schönsten Blumen, heißt das noch lange nicht, daß andere sie auch schön finden müssen, oder daß andere sie immer schön finden werden.

Wenn andere Gänseblümchen häßlich finden, heißt das nicht, daß sie tatsächlich häßlich sind. Gänseblümchen sind einfach Gänseblümchen, nicht mehr und nicht weniger. Ich habe das Recht, sie schön oder häßlich zu finden. Andere haben das Recht, sie schön oder häßlich zu finden.

Ich bin ein Mensch und bleibe immer ein Mensch. Ich kann entscheiden, ob ich mich als liebenswert ansehe oder nicht. Wenn ich entscheide, mich zu mögen und zu achten, werde ich das Verhalten und die Gefühle anderer als das ansehen können, was sie sind: Spiegelbilder von d e r e n Einstellungen.

Die Gefühle und Verhaltensweisen anderer sind das Ergebnis aus deren Einstellungen. Sie sagen absolut nichts über MEINEN Wert aus.

Meine persönliche Meinung über mich ändert nichts daran, daß ich liebenswert bin. Die Meinung anderer über mich ändert nichts daran, daß ich liebenswert bin.

Einer Zuwendung und Anerkennung kann ich mir immer sicher sein - wenn ich sie annehme - meiner eigenen''.

Lesen Sie diesen Text möglichst häufig durch. Wenn Sie möchten, schreiben Sie ihn auf einen Zettel, den Sie immer mit sich führen und ,in Notfällen' durchlesen können.

Geben Sie Ihr Vorurteil gegenüber sich selbst auf. Sie sind liebenswert, so wie Sie sind. Seien Sie sich Ihr bester Freund. Sie haben es verdient, einen guten Freund zu haben, der immer zu Ihnen steht.

Wie andere sich fühlen, bestimmen die anderen. Sie können die Gefühle anderer weder kontrollieren, indem Sie sich ,in Ihren Augen' nett verhalten, noch sind Sie schuld daran, wie andere sich fühlen.

Übungen

Die folgenden Übungen helfen Ihnen dabei, Ihre Angst vor Ablehnung abzubauen.

1. Machen Sie für jede Situation, in der Sie sich abgelehnt fühlen oder Angst vor Ablehnung haben, ein ABC der Gefühle

   Unter A schreiben Sie nur das, was wirklich passiert ist; das, was eine Videokamera aufzeichnen würde.

   Unter B schreiben Sie all Ihre negativen Gedanken, unter C Ihre Gefühle und Ihr Verhalten.

Das ABC der Gefühle hilft Ihnen, Tatsachen und Ihre eigene Meinung auseinanderzuhalten. Das ist wichtig, denn Meinungen können Sie verändern, Tatsachen nicht.

A   die Situation ist:

B   ich denke:

C   ich fühle und verhalte mich:

Lassen Sie uns hierzu noch ein Beispiel anschauen:

Frau M., eine 34-jährige Patientin aus meiner Praxis, hat folgendes ABC der Gefühle aufgeschrieben:

A   die Situation ist:
Ich sitze mit meinem Mann und seinen Geschäftskollegen zusammen. Mein Mann und seine Kollegen unterhalten sich über einen neuen Kinofilm.

B   ich denke:
Den Film kenne ich auch. Aber ich kann mich nicht so gut ausdrücken wie die anderen. Wenn ich meine Meinung darüber sage, werden sie merken, daß ich nur Volksschulbildung habe. Das wäre schlimm (negative Bewertung)

C   ich fühle und verhalte mich:
Ich bin unsicher und ängstlich und sage meine Meinung nicht.

Frau M. fand es sehr hilfreich, dieses Ereignis in einem ABC der Gefühle darzustellen. Hierdurch wurde ihr deutlich, daß sie sich ihre Angst vor Ablehnung durch ihre Gedanken selbst geschaffen hatte.

2. Stellen Sie sich folgende Fragen zu Ihren Gedanken, wenn Sie das Ereignis in einem ABC der Gefühle aufgeschlüsselt haben:

„Ist es wirklich so, wie ich denke? Wo sind die Beweise?"
„Wenn es so wäre, wie ich denke, was wäre so schlimm daran?"

Frau M. aus obigem Beispiel hat ihr ABC so weiterbearbeitet: Sie stellte sich die Frage: „Ist es wirklich so, daß ich mich nicht so gut ausdrücken kann wie die anderen"?
Ihre Antwort war: „Nein, ich kenne vielleicht nicht so viele Fremdwörter wie die anderen. Aber ich kann meine Meinung so ausdrücken, daß sie jeder versteht. Ich habe anderen bis jetzt immer alles vermitteln können, was ich wollte".

Die nächste Frage war: „Ist es wirklich so, daß die anderen merken, daß ich Volksschulbildung habe, wenn ich etwas sage?"
Ihre Antwort war: „Ich weiß nicht, ob sie es merken werden".
Die nächste Frage war: „Wenn es so wäre, daß sie es merken würden, was wäre so schlimm daran?"
Ihre Antwort war: „Es wäre nicht schlimm, denn ich weiß, warum ich ‚nur' die Volksschule besucht habe. Meine Eltern haben mir keine andere Schulbildung erlaubt. Den Volksschulabschluß zu haben, bedeutet nicht, dumm zu sein. Der Schulabschluß sagt nicht unbedingt etwas über die Intelligenz aus. Ich bin in Ordnung, so wie ich bin, und habe das Recht, meine Meinung zu sagen. Was die anderen über mich denken, ist lediglich deren Meinung".

Frau M. hat anhand dieser Fragen ihre alten Bewertungen und Erklärungen überprüfen können. Sie hat erkannt, daß sie die Situation übertrieben und falsch bewertet hat, und hat sich eine neue hilfreiche Einstellung erarbeitet. Mit diesen neuen Gedanken konnte sie sich in den nächsten Situationen zunächst nur anders verhalten, dann auch anders fühlen. Sie hat gelernt, ihre Meinung zu sagen und die Angst vor Ablehnung abzubauen.

Auch Sie können mit Hilfe des ABC's der Gefühle und der Fragen:

„Ist es wirklich so, wie ich denke?"
„Wenn es so wäre, wie ich denke, was wäre so schlimm daran?"

Ihre alten Einstellungen überprüfen.

Erst wenn Sie Ihre Einstellungen verändern, können Sie Ihre Gefühle verändern, d. h. die Angst vor Ablehnung ablegen. Sie brauchen etwas Training und Zeit dazu, bis es funktioniert.

Was andere Menschen tun oder sagen, kann Sie niemals treffen, wenn Sie es nicht zulassen. Die Meinung anderer macht Sie nicht dumm oder häßlich. Sie hat keinen magischen Einfluß auf Sie.

3. Machen Sie Vorstellungsübungen zu den Situationen, in denen Sie Angst vor Ablehnung haben. Stellen Sie sich lebendig vor, wie Sie sich dort so fühlen und verhalten, wie Sie es gerne möchten, indem Sie Ihre neuen Gedanken, die Sie mit Punkt 2 erarbeitet haben, denken.

4. Akzeptieren Sie sich, auch wenn es Ihnen nicht sofort gelingt, die Angst vor Ablehnung abzubauen. Das dauert einige Zeit. Mal werden Sie sich mehr getrauen, mal genauso ängstlich wie immer sein.

IV Wie kann ich meinen Ärger über andere abbauen?

Viele Menschen beginnen dann zu essen, wenn sie auf andere ärgerlich und wütend sind. Sie wollen sich damit wieder beruhigen oder aber auch dem anderen zeigen, daß er sie nicht manipulieren kann.

Auch hier ist das Essen wiederum nur eine Strategie, die Sie sich in der Vergangenheit ausgewählt haben, um mit dem Leben zurechtkommen zu können.

Essen ist die Strategie, die Sie gewählt haben, weil Ihnen keine erfolgreichere bekannt oder erlaubt war.

Schauen Sie einmal in Ihrer Kindheit nach, ob Ihnen erlaubt war, sich ärgerlich zu verhalten. Wurden Sie als ‚böses Kind' beschimpft, wenn Sie wütend waren? Mußten Sie aufhören, wütend zu sein? Dann ist das eine mögliche Erklärung dafür, daß Sie essen, statt Ihren Ärger zu zeigen.

Akzeptieren Sie also zunächst, daß die Strategie, Ärger nicht auszudrücken, sondern stattdessen zu essen, in Ihrer Vergangenheit notwendig und wichtig für Sie war; sei es weil Sie Angst vor Schlägen oder vor Ablehnung hatten.

Heute haben Sie jedoch andere Möglichkeiten.

Ihre Ärgergefühle verursachen Sie selbst durch ganz bestimmte Einstellungen. Sie hängen eng damit zusammen, wie überzeugt Sie von sich selbst sind. Je weniger Sie von sich selbst überzeugt sind, desto leichter werden Sie ärgerlich

Sie können sich heute entscheiden, Ihre Einstellungen zu verändern und damit Ihren Ärger zu vermeiden. Sie können sich aber auch dafür entscheiden, Ihren Ärger auszudrücken, anstatt ihn in sich hineinzufuttern.

Lassen Sie uns zunächst an einem Beispiel des ABC's der Gefühle anschauen, wie Sie sich Ihren Ärger erzeugen:

A   die Situation ist:
  Ihr Mann kommt von der Arbeit nach Hause, läßt Mantel
  und Schuhe im Flur stehen, setzt sich ins Wohnzimmer
  und liest die Zeitung.

B   Sie denken:
  Das ist ja eine Frechheit. Ich bin hier nur die Blöde im Haus
  und kann alles hinterherräumen. (negative Bewertung)

C   Sie fühlen und verhalten sich:
  Sie fühlen sich ärgerlich, sagen kein Wort und beginnen
  in der Küche etwas zu essen.

An dem ABC sehen Sie, daß Ihr Gedankengang in Ihnen
Ärger auslösen muß.

Sie würden keinen Ärger bekommen, sondern ruhig
bleiben, wenn Sie in dieser Situation folgendermaßen denken
würden:

A   die Situation ist:
  Ihr Mann kommt von der Arbeit nach Hause, läßt Mantel
  und Schuhe im Flur stehen, setzt sich ins Wohnzimmer
  und liest die Zeitung.

B   Sie denken:
  Mir gefällt nicht, daß er Mantel und Schuhe im Flur stehen
  läßt, sich ins Wohnzimmer setzt und die Zeitung liest.
  Wahrscheinlich hat er nicht daran gedacht, aufzuräumen,
  oder es war ihm jetzt nicht wichtig. Es ist nun einmal so
  geschehen, und ich kann nichts mehr daran ändern, daß er
  sich schon hingesetzt hat. Ich kann mich jetzt entscheiden,
  ob ich aufräume oder nicht. Mir gefällt es nicht, wie es
  hier aussieht. Deshalb werde ich ihn bitten, es nachzu-
  holen. (neutrale Bewertung)

C   Sie fühlen und verhalten sich:
  Sie bleiben ruhig, gehen ins Wohnzimmer und bitten Ihren
  Mann, aufzuräumen.

Sie sehen an diesem ABC der Gefühle, daß Ihr Mann Ihren Ärger nicht hervorrufen kann. Selbst wenn wir annehmen würden, daß er in voller Absicht Mantel und Schuhe im Flur stehengelassen hat, können Sie entscheiden, ob Sie sich darüber ärgern oder nicht. Sie fühlen sich Ihrem Mann nur dann ausgeliefert, wenn Sie denken, „wenn er sich so verhält, muß ich mich ärgern". Dann fordern Sie natürlich, daß er sich ändern soll, damit es Ihnen wieder gut geht.

Die Tatsache, daß Ihr Mann Mantel und Schuhe im Flur stehenläßt, bedeutet nicht, daß Sie sich ärgern und aufräumen müssen.

Sie können zwischen folgenden Alternativen wählen:

a) sich ärgern und selbst aufräumen,
b) sich ärgern und nicht aufräumen,
c) ruhig bleiben und nicht aufräumen und
d) ruhig bleiben und selbst aufräumen.

Allein Ihre Einstellung bestimmt, wie Sie sich fühlen und verhalten - nicht Ihr Mann. Selbst wenn er so bleiben würde, wie er ist, und niemals aufräumen würde, könnten Sie zwischen den vier Alternativen wählen.

Ärgergefühle als solche sind nicht negativ oder sinnlos. Sie äußern sich körperlich. Der Puls wird beschleunigt, das Herz schlägt schneller, der Atem geht schneller, die Muskeln spannen sich, der Hormonspiegeln verändert sich, usw.

Tiere haben dieselben körperlichen Reaktionen wie ärgerliche Menschen, wenn sie kämpfen oder flüchten müssen, d. h. wenn sie eine Gefahr wittern.

Auch wir Menschen bewerten etwas als gefährlich oder bedrohlich, bevor wir Ärger bekommen.

Wir denken: „Wie kann der so etwas tun. Das darf nicht sein".
„Das sollte nicht so sein".
„Der andere ist gemein, ungerecht, unverschämt, hat kein Recht dazu".
„Ich muß . . . . . ".
„Ich habe keine Kontrolle, werde gezwungen".

105

Wenn tatsächlich körperliche Lebengefahr für uns besteht, ist es sinnvoll, all diese körperlichen Reaktionen zu bekommen. Nur wenn wir diese körperlichen Reaktionen wie Puls- und Atembeschleunigung bekommen, können wir bis zum Äußersten kämpfen oder flüchten. Häufig produzieren wir jedoch Ärgergefühle, wo gar keine Lebensgefahr besteht oder die Gefahr schon lange vorüber ist.

 Da unsere Ärgergefühle nur die Folge unserer negativen Gedanken sind, können wir unsere Ärgergefühle kontrollieren.

Wir können zwischen verschiedenen Alternativen wählen: Wir können uns entscheiden, uns in der Zukunft überhaupt weniger Ärgergefühle zu machen. Das ist eine langfristige Lösung. Wenn der Ärger schon einmal da ist, können wir uns entscheiden,

1. den Ärger hinunterzuschlucken und nichts zu unternehmen, um die Situation, die uns nicht gefällt, zu verändern.

Den Ärger durch negative Gedanken zu produzieren und ihn dann hinunterzuschlucken, ist die schlechteste Alternative, die Sie wählen können. Sie entscheiden sich dafür, Ihren gesamten Körper in Hochspannung zu bringen und bereit zu Kampf und Flucht zu machen. Dann geben Sie ihm das Signal, alle Spannung im Innern zu behalten. Sie verbieten ihm praktisch, diese Energie nach außen zu bringen. Stattdessen essen oder trinken Sie, um die Spannung abzubauen. Sie schädigen Ihren Körper, denn häufige unterdrückte Ärgergefühle können u. a. zu Magenschleimhautentzündung, Magengeschwüren, Krebs, Herz/Kreislauf-, Schlaf- und Verdauungsstörungen führen.

Sie sind sich dabei nicht bewußt, daß Sie Ihren Ärger selbst erzeugen, sondern sehen sich als Opfer anderer oder Opfer der Situation.

2. den Ärger zu zeigen und einzusetzen, um die Situation zu verändern.

Den Ärger zu zeigen, seine Meinung oder Kritik anzubringen und etwas zu unternehmen, um die Situation zu verändern, ist die zweitbeste Alternative, die Sie wählen können.

Wenn Sie sich schon die negativen Gedanken gemacht haben, die Ihren Ärger erzeugen, dann erlauben Sie sich, den Ärger zu zeigen. Es ist in Ordnung, ärgerlich zu sein, solange Sie dem anderen nicht damit schaden.

Wenn Sie Ihr Gegenüber in der Wut nicht direkt ansprechen möchten, dann setzen Sie sich ins Auto, schließen die Fenster und schreien Ihren Ärger heraus. Oder aber Sie setzen sich hin und bringen all Ihre ärgerlichen Gedanken zu Papier. Oder aber Sie nehmen Eiswürfel aus dem Kühlfach und werfen Sie in Ihrem Bad an die Wand. Das klirrt wie Glas, macht aber keinen Schmutz. Eine andere hilfreiche Methode, Ärger abzubauen, ist es, sich das Gegenüber vorzustellen, wie er das tun muß, was Sie ihm verordnen.

Bei allen Übungen, die Sie ausführen, um den Ärger abzubauen, ist es unbedingt wichtig, daß Sie am Ende der Übung dem Gegenüber verzeihen. Dann überlegen Sie sich, wie Sie die Situation verändern und Ihre Bedürfnisse anbringen können.

3. den Ärger aufzugeben, die Situation für den Moment zu akzeptieren und dann nach Änderungsmöglichkeiten zu suchen.

Den Ärger aufzugeben und die Situation für den Augenblick zu akzeptieren, ist die beste Möglichkeit, die Sie für sich und Ihren Körper wählen können.

Halt! Ärger aufgeben, bedeutet nicht, sich alles gefallenzulassen, alles zu schlucken oder zu kriechen!!!

Um eine Situation, die uns nicht gefällt, zu verändern, brauchen wir meist keinen Ärger oder Wut. Im Gegenteil, durch Ärger verschlimmern wir häufig die Situation. Es kommt zu gegenseitigen Beschimpfungen und einem Hochschaukeln der Gefühle.

Den Ärger aufzugeben, ist zunächst einmal ein Geschenk, das Sie sich selbst machen. Sie geben Ihrem Körper die Möglichkeit, seine Spannung abzubauen, seine Alarmreaktionen einzustellen und sich zu normalisieren.

Sie geben sich die Chance, nicht zu essen und trotzdem ruhiger zu werden. Sie geben sich die Chance, sich sorgfältig und ruhig zu überlegen, wie Sie sich weiterhin zu Ihrem Vorteil verhalten wollen. Sie zeigen sich, daß Sie über Ihre Gefühle bestimmen und nicht andere oder die Situation.

„Aber wie macht man das, seinen Ärger abzubauen?", werden Sie nun vielleicht fragen.

[Halt!] Möglicherweise möchten Sie Ihren Ärger gar nicht abbauen. Gehören Sie zu den Menschen, die denken: „Wenn der mich schon so schlecht behandelt, muß er das zumindest an meinem Ärger spüren?" Benutzen Sie Ihren Ärger als Bestrafung, Revanche oder Racheakt?

Dann müssen wir noch einen Schritt zurückgehen: Fühlen Sie sich wohl, wenn Sie sich ärgern? Wie häufig haben Sie durch Ihren Ärger schon erreicht, daß der andere sich verändert hat?

Wenn es Ihnen wie den meisten Menschen geht, empfinden Sie Ärger als unangenehmen, spannungsgeladenen Zustand und haben bis jetzt durch Ihren Ärger wenig oder gar nichts erreicht.

Ihr Ärger führt fast nie dazu, daß der andere sich nach Ihren Forderungen verändert; aber Ihr Ärger führt fast immer dazu, daß Sie überessen, oder?

Ärger führt fast immer dazu, daß Sie sich hilflos fühlen, weil sich der andere nicht nach Ihren Forderungen verändert hat. Sie glauben dann, dem anderen ausgeliefert zu sein, und denken: „Wenn der sich nicht ändert, muß ich mich weiterhin ärgern".

Ich möchte Ihnen die Kontrolle über Ihr Leben zurückgeben. Deshalb möchte ich Ihnen zeigen, wie Sie Ihren Ärger abbauen können, ohne daß sich die Umwelt verändert.

Sie haben Ihren Ärger durch Ihre Einstellungen selbst erzeugt. Da Sie Ihren Ärger durch Ihr Programm erzeugen, können Sie ihn durch eine Veränderung Ihres Programms auch wieder abbauen und aufgeben. Rufen Sie sich folgendes immer wieder in Erinnerung:

„Andere Menschen verhalten sich genau nach dem, was sie für richtig und gut halten. Sie haben ein Recht dazu, sich so zu verhalten. Sie haben jedoch keine Kontrolle über meine Gefühle. Das, was sie getan haben, ist alles, was sie in dem Augenblick tun konnten, auch wenn es mir nicht gefällt. Durch meinen Ärger kann ich nichts mehr ungeschehen machen. Mein Ärger kann andere nicht verändern oder belehren.

Mein Ärger schadet nur meinem Körper. Ich benötige keinen Ärger, um meine Meinung zu sagen. Mich zu ärgern, ist immer ein Zeichen von Schwäche. Der Ärger zeigt an, wie sehr ich mich bedroht fühle.

Andere handeln so, wie es ihnen nach ihrer Lebenserfahrung möglich ist. Ich kann sie nicht verändern, wenn diese es nicht möchten. Die einzige Kontrolle, die ich habe, ist die über meine Gefühle und mein Verhalten. Die Meinung anderer kann mir nicht schaden".

Lesen Sie diesen Text möglichst oft durch. Wenn Sie möchten, schreiben Sie ihn auf einen kleinen Zettel, den Sie ‚in Notfällen' bei Ärger durchlesen.

Übungen

Die folgenden Übungen sollen Ihnen dabei helfen, Ihren Ärger abzubauen und sich anderen gegenüber weniger hilflos zu machen.

1. Wenn Sie sich beim Ärgern ertappen, sagen Sie sich immer wieder: „Ich bin bereit, die Situation im Augenblick zu akzeptieren, wie sie ist. Mein Ärger verändert die Situation nicht mehr und schadet mir zusätzlich. Solange ich mich nicht in Lebensgefahr befinde, brauche ich keinen Ärger". Mit der Zeit wird Ihr Ärgergefühl verschwinden.

2. Wenn Sie andere Menschen kennen, denen Sie schon jahrelang Vorwürfe machen, überlegen Sie sich, ob Sie sich jetzt neu entscheiden möchten.
    Wie lange möchten Sie sich noch darüber ärgern, bis Sie ihnen verzeihen? Ein Jahr? Zwei Jahre? Bis zu Ihrem Tode? Hören Sie nicht auf Ihr Gefühl. Ihr Gefühl wird Ihnen sagen, daß es noch nicht Zeit ist, zu verzeihen. Es wird sagen, daß es noch nicht genug ist.
    Ihr Gefühl kann Ihnen nicht sagen, daß Sie bereit sind, zu verzeihen, weil Sie als allererstes Ihre Gedanken verändern müssen.

Halt! Jemandem zu verzeihen, bedeutet nicht, sein Tun gutzuheißen. Jemandem zu verzeihen, bedeutet lediglich, sein Tun zu akzeptieren.

Sie verzeihen in erster Linie nicht seinetwegen, sondern I h r e t w e g e n.

Einen anderen zu hassen, bedeutet, Sie versetzen Ihren Körper bei jedem Gedanken an ihn in Hochspannung. Es bedeutet, Sie entscheiden sich dafür, zuzulassen, daß er Ihre Zufriedenheit und innere Harmonie stört. Wollen Sie sich das antun?

Wenn Sie sich dafür entscheiden wollen, Ihren Haß aufzugeben, legen Sie sich eine Liste an von all den Menschen,
denen Sie etwas nachtragen. Schreiben Sie die Namen und
daneben die entsprechenden Vorwürfe auf.

Meine schwarze Liste

Meinem Vater werfe ich vor, daß _____

_____

_____

Meiner Mutter werfe ich vor, daß _____

_____

_____

Meinem Bruder werfe ich vor, daß _____

_____

_____

Meiner Schwester werfe ich vor, daß _____

_____

_____

Meinem Partner werfe ich vor, daß _____

_____

_____

Meinem Kind werfe ich vor, daß _____

_____

_____

Meinem Kollegen werfe ich vor, daß _____

Meinem Chef werfe ich vor, daß _____

Anderen .... werfe ich vor, daß _____

Streichen Sie nun einen Namen nach dem anderen von der Liste, indem Sie sich sagen:

„Ich bin bereit, dir zu verzeihen. Du hast das getan, was dir aufgrund deines Wissens, deiner Lebensgeschichte und deiner Einstellungen zu dir selbst möglich war".

Andere Menschen verhalten sich so, wie sie sich verhalten, weil sie sich selbst bedroht oder hilflos fühlen. Ein abgewandeltes Sprichwort hierzu heißt: „Ein getroffener Mensch verteidigt sich".

Menschen, die sich selbst akzeptieren und mögen, werden nichts tun, was andere in Schwierigkeiten bringt. Überlegen Sie sich einmal, welche Einstellungen Ihr Gegenüber wohl zu sich selbst und der Umwelt haben muß, um sich so zu verhalten. Sein Verhalten ist ein Ausdruck seiner Einstellungen.

3. Wann immer in Zukunft neue Ärgergefühle auftreten, schauen Sie bei sich nach, durch welche Gedanken Sie sich ärgerlich machen. Schreiben Sie ein ABC der Gefühle über die Situation.

A die Situation ist:

B ich denke:

C ich fühle und verhalte mich:

Überprüfen Sie Ihre Gedanken mit folgenden Fragen:

„Ist es wahr, was ich denke?"
„Wenn ja, was wäre so schlimm daran?"

Hierzu möchte ich ein Beispiel anführen:

Frau K., eine 35-jährige Patientin aus meiner Praxis, fertigte folgendes ABC der Gefühle an:

A die Situation ist:
Ich sitze mit meinem Mann beim Abendessen. Ich esse gerade meine 2. Scheibe Brot, als mein Mann sagt: Das solltest du jetzt aber nicht essen. Du willst doch abnehmen.

B ich denke:
Das ist eine Unverschämtheit. Der sollte so etwas nicht zu mir sagen. Nicht einmal das Essen ist einem gegönnt. (negative Bewertung)

C ich fühle und verhalte mich:
Ich bin ärgerlich und esse noch eine 3. Scheibe Brot.

Nachdem Frau K. das ABC aufgeschrieben hatte, stellte Sie sich folgende Frage: „Ist es wirklich wahr, daß mein Mann das nicht sagen sollte? Ist es wahr, daß er mir das Essen nicht gönnt?"

Ihre Antwort lautete: Mein Mann hat das Recht, so zu sprechen, auch wenn es mir nicht gefällt. Es ist nur meine Meinung, daß das unverschämt ist. Ich weiß es nicht, ob er mir das Essen nicht gönnt. Vielleicht will er mir auch helfen, abzunehmen. Ich kann entscheiden, ob ich die zweite Scheibe Brot noch essen will oder nicht. Er kann mich nicht kontrollieren, aber er darf seine Meinung sagen. Die Tatsache, daß er seine Meinung sagt, kann auch ein Hinweis für mich sein, daß ich ihm nicht gleichgültig bin.

Aufgrund ihrer neuen Einstellung konnte Frau K. in den folgenden ähnlichen Situationen gelassen bleiben, sich manchmal sogar freuen. Sie wußte, daß sie ihr Ziel immer im Auge behielt, sich wie ein Natürlich-Dünner zu verhalten, und daß ihr Mann ihr auf seine Art beim Abnehmen helfen wollte. Sie sagte ihm auch, welche Unterstützung sie von ihm in Zukunft haben wollte.

4. Nehmen Sie den anderen so an, wie er ist, und hören Sie auf, darauf zu warten, daß er sich verändert. Dann werden Sie sich nicht mehr hilflos fühlen.
   Sie werden stattdessen entscheiden können, was Sie mit der Beziehung zu diesem Menschen anfangen möchten; ob Sie die Beziehung abbrechen oder Ihre Einstellung verändern wollen.
   Auch wenn Sie immer nett und rücksichtsvoll zu den anderen sind, haben diese ein Recht darauf, nicht so zu Ihnen zu sein.

5. Entspannen Sie sich mit der Entspannungsübung aus dem Kapitel „Die Macht der Vorstellungen" und stellen Sie sich die Situation, in der Sie ärgerlich wurden, mehrmals vor. Stellen Sie sich vor, wie Sie sich dort so fühlen und verhalten, wie Sie es gerne möchten. Stellen Sie sich vor, wie Sie sich dabei Ihre neuen Gedanken sagen, die Sie durch Punkt 3 erarbeitet haben.

V Wie kann ich meine Schuldgefühle und meinen Ärger über mich selbst abbauen?

Viele Menschen, die ein Eßproblem haben, kennen Schuldgefühle und Ärger über sich selbst nur zu gut. Immer dann, wenn sie mehr gegessen haben, als ihre Diät oder ihr Plan ihnen zugestehen, bestrafen sie sich mit Schuldgefühlen und Ärger. Diese Schuldgefühle nehmen sie dann häufig zum Anlaß, erneut zu essen.

114

Schuldgefühle sind genaugenommen keine Gefühle, sondern Gedanken. Immer dann, wenn wir denken:

> „Ich bin Schuld daran, daß . . ..''
> „Ich hätte etwas nicht tun oder sagen sollen.''
> „Das war falsch, so etwas zu tun oder zu sagen.''

fühlen wir uns schlecht. Diese Gefühle bezeichnen wir dann gewöhnlich als schlechtes Gewissen oder Schuldgefühle. Häufig sind Schuldgefühle gleichbedeutend mit Ärger über sich selbst.

Schuldgefühle werden uns von unseren Eltern beigebracht. Unsere Eltern sagen uns z. B.: „Das ist böse/schlimm/schlecht oder falsch'', „Dafür mußt du dich schämen'', „So etwas tust du deinen Eltern an''. Immer dann, wenn wir in den Augen der Eltern etwas falsch gemacht haben oder ungezogen waren, erwarten sie, daß wir zumindest Schuldgefühle oder ein schlechtes Gewissen haben. Schuldgefühle sind eine Art Bestrafung und gleichzeitig Buße. Menschen, die keine Schuldgefühle haben, werden als verantwortungslose, schlechte, rücksichtslose oder unmoralische Menschen angesehen.

Aber schauen wir uns die Rolle, die Schuldgefühle spielen, wenn wir erwachsen sind, einmal näher an.

Sie machen sich Schuldgefühle, wenn Sie etwas gesagt oder getan haben, von dem Sie glauben, daß Sie es eigentlich nicht hätten sagen oder tun dürfen - oder aber wenn Sie etwas nicht gesagt oder getan haben, von dem Sie glauben, daß Sie es eigentlich hätten sagen oder tun müssen.

Können Sie mit Ihren Schuldgefühlen etwas an dem bereits Geschehenen ändern? Werden Sie durch Schuldgefühle zu einem besseren Menschen? Verhindern Schuldgefühle, daß Sie sich in Zukunft wieder ‚falsch' verhalten? Die Antwort lautet: nein.

115

Schuldgefühle und Ärger auf sich selbst sind vollkommen sinnlos und überflüssig. In jedem Augenblick, in dem Sie etwas tun, sind Sie davon überzeugt, daß es so richtig ist und Sie es so tun müssen, - sonst würden Sie es nicht tun.

Wenn Sie sich im Nachhinein verurteilen, verlangen Sie etwas Unmögliches von sich. Sie verlangen, daß Sie sich mit den gleichen Gedanken anders hätten verhalten sollen. Das geht nicht! Mit Ihren Gedanken mußten Sie sich genauso verhalten, wie Sie es getan haben. Aufgrund Ihrer Erfahrungen konnten Sie in diesem Augenblick nicht anders denken.

All Ihre Schuldgefühle bezüglich Ihrer Freßphasen haben Sie bis jetzt noch nicht in die Lage versetzt, Ihre Diät einzuhalten. Schuldgefühle sind negative Gefühle, die Anspannung und Unzufriedenheit beinhalten. Anspannung und Unzufriedenheit führen nicht dazu, sich zu motivieren und sich Mut zu machen.

Stellen Sie sich vor, Sie seien ein kleines Kind und hätten ein Glas Milch verschüttet. Ihre Mutter würde Ihnen sagen: „Wie konntest du nur die Milch verschütten! Du hättest besser aufpassen müssen. Das wirst du nie lernen. Du bist dumm und tollpatschig".

Wie würden Sie sich wohl fühlen?

Wahrscheinlich mutlos und deprimiert. Sie hätten ein schlechtes Gewissen und kein Vertrauen, es wieder zu probieren. Sie bekämen den Gedanken: „Ich hätte es besser machen müssen. Ich bin unfähig".

Stellen Sie sich nun die gleiche Situation nochmals vor. Aber nun würde Ihre Mutter Sie in den Arm nehmen und sagen: „Das ist nicht schlimm. Das kann jedem passieren. Jetzt wischen wir die Milch auf und du versuchst es noch einmal. Ich mag dich trotzdem". Wie würden Sie sich nun fühlen? Wahrscheinlich etwas traurig, aber getröstet und mit dem Vertrauen: „Ich kann es schaffen. Ich kann mich mögen".

Wenn Sie sich selbst gegenüber nicht genauso reagieren möchten, wie die Mutter aus dem ersten Beispiel, müssen Sie

Ihre Einstellung verändern. Sie haben noch immer das kleine Mädchen in sich, das gerne in den Arm genommen und getröstet werden möchte.

Übungen

Nehmen Sie sich für die folgenden Übungen täglich Zeit. Sie sollen Ihnen dabei helfen, Ihre Schuldgefühle abzubauen.

1. Akzeptieren Sie sich in jedem Augenblick Ihres Lebens, gleichgültig was Sie gesagt oder getan haben. Geben Sie sich die Unterstützung, die Sie sich von anderen wünschen, selbst.

2. Verzichten Sie auf Selbstverurteilungen.
Sagen Sie sich: ,,Ich habe mein Bestes gegeben, was mir in diesem Augenblick möglich war. Schade, daß ich mich so verhalten habe. Was kann ich beim nächsten Mal anders machen, um erfolgreich zu sein?

Ich bin ein liebenswerter Mensch. Ich tue mein Bestes und werde ab und zu dennoch Fehler machen. Fehler machen ist menschlich. Ich betrachte Fehler als eine Herausforderung für mich, zu lernen und mich weiterzuentwickeln. Ich habe es verdient, daß es mir gut geht''.

3. Machen Sie sich von den Situationen, in denen Sie Schuldgefühle haben, ein ABC der Gefühle.

A die Situation ist:

B ich denke:

C ich fühle und verhalte mich:

Überprüfen Sie die Gedanken, die Ihre Schuldgefühle erzeugen, mit folgenden Fragen:
„Ist es wahr, was ich denke?"
„Wenn ja, was wäre so schlimm daran?"

Ich möchte Ihnen auch hierzu wieder das ABC einer Patientin vorstellen. Frau L., eine 45-jährige Patientin schrieb folgendes ABC der Gefühle:

A   die Situation ist:
Ich habe meine Tochter Gabi zehnmal aufgefordert, ihr Zimmer aufzuräumen. Als ich zum elften Mal in ihr Zimmer komme und immer noch nicht aufgeräumt ist, schreie ich Gabi an: „Du bist das schlampigste Kind, das mir je begegnet ist. Wenn du jetzt nicht sofort aufräumst, stecke ich dich in ein Heim". Gabi beginnt zu weinen.

B   ich denke:
Ich hätte sie nicht anschreien dürfen. Ich bin eine schlechte Mutter, die ihr Kind unglücklich macht.
(negative Bewertung)

C   ich fühle und verhalte mich:
Ich bin angespannt und ärgerlich auf mich, habe Schuldgefühle und räume mit der Tochter zusammen auf.

Nachdem Frau L. das ABC der Gefühle zu Papier gebracht hatte, begann sie, ihre Gedanken zu überprüfen.
„Ist es wahr, daß ich Gabi nicht hätte anschreien dürfen?"
„Ist es wahr, daß ich eine schlechte Mutter bin, die ihr Kind unglücklich macht?"
Ihre Antwort lautet: Nein, ich habe das getan, was mir möglich war. Ich habe mich von Gabi so angegriffen gefühlt, daß ich mir nicht mehr anders zu helfen wußte.
Ich bin deshalb noch lange keine schlechte Mutter. Es gibt keine Normen, wie eine schlechte Mutter aussieht. Ich tue immer alles, was mir möglich ist, daß es Gabi gut geht. Mir

ist es wichtig, daß meine Tochter das Aufräumen lernt. Deshalb habe ich sie mehrmals dazu ermahnt. Ich habe vielleicht nicht die richtigen Methoden gewählt, ihr das zu vermitteln, aber mir waren keine anderen bekannt.

Ich habe mein Kind nicht unglücklich gemacht. Es hat sich selbst entschieden, nicht aufzuräumen. Es tut mir leid, daß Gabi jetzt weint. Wir haben beide zu der Situation, wie sie im Augenblick ist, beigetragen. Meine Schuldgefühle können jetzt auch nichts mehr daran ändern. Ich spreche stattdessen jetzt mit Gabi darüber, warum ich geschimpft habe. Ich sage ihr, daß ich sie trotzdem mag.

Nachdem Frau L. ihre Gedanken geändert hatte, konnte sie die zukünftigen kritischen Situationen mit der Tochter besser meistern. Sie hielt sich in Erinnerung, daß sie immer nur das tun kann, was ihr in dem betreffenden Augenblick möglich ist. Auch wenn es bessere Möglichkeiten gibt, zu reagieren, kann sie nur so reagieren, wie sie in dem Augenblick denkt. Ihre Gedanken werden bestimmt durch ihre Lebenserfahrungen und uralten Einstellungen. Sie kann vergangene Situationen nicht mehr ungeschehen machen, aber überlegen, wie sie sich in Zukunft besser verhalten kann.

4. Hüten Sie sich davor, sich ärgerlich darüber zu machen, daß Sie sich immer noch ärgerlich machen, obwohl Sie schon wissen, wie Sie besser denken könnten. Die Tatsache, daß Sie wissen, wie Sie anders denken können, bedeutet noch lange nicht, daß Sie dieses Wissen immer parat haben. Denken Sie daran, daß Ärgerreaktionen uralte Gewohnheiten sind. Sie können Gewohnheiten nicht einfach ausknipsen wie einen Lichtschalter. Akzeptieren Sie sich, wenn Sie sich beim Ärgern ertappen und sagen Sie sich: „Aha, mein altes Ärgerprogramm ist noch da. Wie kann ich es in Zukunft stoppen?"

5. Machen Sie Vorstellungsübungen zu den Situationen, in denen Sie sich gerne anders verhalten und fühlen möchten. Stellen Sie sich die Situation möglichst lebendig vor. Sehen Sie, wie Sie sich so verhalten und fühlen, wie Sie möchten, indem Sie sich Ihre neuen Gedanken sagen, die Sie in Punkt 3 erarbeitet haben.

———————

Kapitel 9

Der Rückfall

Wenn ich in diesem Buch von einem Rückfall spreche, dann meine ich natürlich nicht die Tatsache, daß Sie eine Diät abbrechen.

Wir waren uns ja einig, daß eine Diät nicht hilfreich ist, um Ihr dauerhaftes Wunschgewicht zu erreichen.

Unter Rückfall verstehe ich, daß Sie in den Situationen zum Essen greifen, in denen Sie sich seelisch schlecht fühlen und keinen körperlichen Hunger haben.

Ich meine Situationen, in denen ein Natürlich-Dünner nicht zum Essen greifen würde; Situationen, in denen Sie nicht bewußt essen oder nicht das essen, was Sie wirklich möchten, oder Situationen, in denen Sie mehr essen, als Ihr Körper braucht.

[Halt!] Machen Sie sich keine Illusionen: Der Rückfall wird kommen, einfach deshalb weil er normal und menschlich ist.

Das Umlernen einer Gewohnheit dauert zwischen 30 und 60 Tagen. Auch dann, wenn ein Verhalten automatisch geworden ist, kann es in schwierigen Situationen noch zu einem Rückfall kommen.

Was tun, wenn Sie sich bewußt oder unbewußt für einen Rückfall entschieden haben?

1. Verzichten Sie auf Schuldgefühle und akzeptieren Sie Ihren Rückfall.
    Er gibt Ihnen die Chance, mehr über Ihre alten Einstellungen und Verhaltensmuster zu erfahren. Sagen Sie mehrmals laut vor dem Spiegel: „Ich bin bereit, die Einstellung aufzugeben, die dafür verantwortlich ist. Ich bin bereit, mich so zu akzeptieren, wie ich bin".
    Wiederholen Sie diese Sätze so lange, bis Sie davon überzeugt sind.

2. Schauen Sie nach, in welcher Situation und durch welche Gedanken Sie den Rückfall ausgelöst haben. Welche Gefühle hatten Sie in der Situation? Notieren Sie diese im ABC der Gefühle:

    A die Situation war:

    B ich habe gedacht:

    C ich habe mich .... gefühlt und habe gegessen.

3. Lesen Sie in dem betreffenden Kapitel dieses Buches nach, welches die Gefühle behandelt, die Sie in dieser Situation erlebt haben.
    Überprüfen Sie Ihre Gedanken und ersetzen Sie diese durch hilfreiche Gedanken, die in Zukunft einen Rückfall vermeiden:

    Wenn ich wieder in die gleiche Situation komme, möchte ich denken:

    _____

    _____

    _____

und mich _____fühlen und mich so verhalten:

_____

Beispielsweise hatte eine meiner Patientinnen, Frau U., zum Essen gegriffen, nachdem Sie einen Streit mit ihrem Mann hatte. Sie schrieb folgendes ABC der Gefühle:

A   die Situation ist:
    Ich habe das Lieblingshemd meines Mannes noch nicht gewaschen. Er will es anziehen, sucht es und sagt: „Du hättest mein Hemd schön längst waschen können".

B   ich denke:
    Was bildet der sich ein. Ich habe gerade genug zu tun. Den ganzen Tag rackere ich mich für ihn ab. Der sollte so etwas von mir nicht verlangen. (negative Bewertung)

C   ich fühle und verhalte mich:
    bin ärgerlich, sage nichts und esse eine Tafel Schokolade.

Frau U. hat daraufhin ihre Gedanken mit den folgenden zwei Fragen überprüft: „Ist es wahr, was ich denke? Wenn ja, was wäre so schlimm daran?"

Sie fragte sich: „Ist es wahr, daß mein Mann so etwas nicht von mir verlangen sollte?" Sie nahm sich vor, zukünftig in einer ähnlichen Situation, so zu denken: „Er hat das Recht zu erwarten, daß ich sein Lieblingshemd gewaschen habe. Ich kann entscheiden, wie ich damit umgehe. Ich kann entscheiden, ob ich mich darüber ärgere oder nicht. Es tut mir leid, daß ich sein Hemd noch nicht gewaschen habe und er enttäuscht ist. Ich habe getan, was mir mit meiner Zeiteinteilung möglich und wichtig war".

Frau U. wollte in Zukunft ruhig bleiben und ihrem Mann sagen, daß es ihr leid tut und er sich ein anderes Hemd aussuchen müßte.

123

4. Stellen Sie sich die Situation, in der Sie Ihren Rückfall
    hatten, mehrmals lebendig vor. Sehen Sie sich Ihre neuen
    Gedanken denken, die Sie in Punkt 3 erarbeitet haben.
    Sehen Sie sich so fühlen und verhalten, wie Sie möchten.
    Stellen Sie sich vor, daß Sie sich wie ein Natürlich-Dünner
    verhalten.
    Machen Sie diese Übung eine Woche lang täglich 10
    Minuten.

5. Wenn Sie in der Situation, in der Sie den Rückfall hatten,
    ein Verlangen gespürt haben, erinnern Sie sich daran, daß
    das Verlangen kein verläßliches Zeichen für körperlichen
    Hunger ist. Es kann die Folge Ihres alten Programms sein,
    Ihre negativen Gefühle durch Essen zu bekämpfen.

6. Schauen Sie bei sich nochmals nach, ob Sie vor dem Ab-
    nehmen Angst haben.

Ein Rückfall ist absolut kein Grund, sich zu verurteilen
oder zu denken: ,,Ich werde es nie schaffen''. Jedes Umlernen
benötigt Zeit und Training.

Wenn Sie als kleines Kind beim ersten Sturz liegenge-
blieben wären, hätten Sie niemals laufen gelernt. Erfolg heißt,
einmal mehr aufstehen, als man hinfällt.

Sie können von Ihrem Rückfall lernen.
Nutzen Sie ihn als Chance, zu erfahren, welche Gefühle
Sie unterdrücken wollen. Haben Sie sich abgelehnt gefühlt?
Hatten Sie Ärgergefühle oder Angst vor Ablehnung? Hatten
Sie Schuldgefühle?
Konzentrieren Sie sich auf Ihre Gefühle und nicht auf das
Essen. Durch welche Einstellungen haben Sie sich diese Ge-
fühle geschaffen?
Nur durch stetiges An-Sich-Arbeiten und Verändern Ihrer
Einstellungen gelangen Sie an Ihr Ziel.

Kapitel 10

———

Was habe ich bis jetzt gelernt:
eine Zusammenfassung

Nun kennen Sie die zwei Bausteine, die Sie benötigen, um Ihr dauerhaftes Wunschgewicht und mehr Lebensfreude zu erreichen. Lassen Sie uns noch einmal Bestandsaufnahme darüber machen, was Sie erfahren haben. Schauen Sie hierzu die Tabelle 1 auf der folgenden Seite an.

Jetzt können Sie Ihr ABC der Gefühle so umschreiben, daß Sie

1. keine oder weniger negative Gefühle haben und
2. nicht mehr überessen.
Schauen Sie hierzu Tabelle 2 an.

126

Tabelle 1: Wie Sie früher gedacht, gefühlt und gehandelt haben.

A Situation →	B Gedanken →	C Gefühle +	C Verhalten
Sie haben anhand des Ernährungsfahrplans die Situationen herausgefunden, in denen Sie überessen.	Sie haben die Einstellungen gefunden, die Ihre negativen Gefühle erzeugen; wie z. B.	Sie haben die Gefühle gefunden, die Sie durch Überessen bekämpfen wollten.	Sie haben erkannt, daß Sie auch dann essen, wenn Sie nicht wirklich körperlich hungrig sind.
	„Ich bin nicht in Ordnung" →	Minderwertigkeitsgefühle	essen
	„Andere sollten sich anders verhalten" →	Ärger über andere	essen
	„Ich brauche die Anerkennung anderer" →	Angst vor Ablehnung	essen
	„Ich hätte mich anders verhalten sollen" →	Schuldgefühle, Ärger über sich selbst	essen

Tabelle 2: Wie Sie in Zukunft denken, fühlen und handeln wollen.

A Situation →	B Gedanken →	C Gefühle +	C Verhalten
Sie kommen in die gleichen Situationen wie früher.	Sie üben dort Ihre neuen Einstellungen:	Sie machen sich dadurch positive Gefühle.	Sie essen wie ein Natürlich-Dünner. Sie essen:
	„Ich bin liebenswert, so wie ich bin"	→ Selbstachtung und Selbstakzeptanz	1. nur wenn Sie körperlichen Hunger haben.
	„Die anderen haben das Recht, sich so zu verhalten, wie sie möchten. Sie können meine Gefühle nicht kontrollieren"	→ Ruhe und Ausgeglichenheit	2. was Sie möchten. 3. bewußt.
	„Die Meinung anderer sagt nichts über mich aus. Auch wenn sie mich nicht mögen, kann ich mich mögen"	→ Selbstsicherheit	4. nur solange, bis Sie satt sind.
	„Ich habe das Beste getan, was mir möglich war"	→ Selbstakzeptanz	

Sie wissen jetzt, daß jeder Gedanke, gleichgültig ob er der Wirklichkeit entspricht oder nicht, in Ihnen die zu ihm gehörigen Gefühle erzeugt. Wenn Sie sich also Gedanken darüber machen, welche Nachteile Sie durch Ihr Dünnsein und welche Vorteile Sie durch Ihr Dicksein haben, werden Sie nicht abnehmen können. Schauen Sie sich deshalb hierzu nochmals die Übungen in Kapitel 4 an. Dort haben Sie die Vorteile, die Sie im Dicksein sahen, und die Nachteile, die Sie im Dünnsein sahen, aufgeführt.

Anhand Ihres Wissens, das Sie nun, fast am Ende dieses Programms haben, ist es gut, Ihre Einwände gegen das Abnehmen nochmals zu überprüfen.

Nehmen Sie sich die Gründe, die Sie sich gegeben haben, um nicht abzunehmen, einen nach dem anderen vor. Stellen Sie sich bei jedem Grund folgende Fragen:

1. „Ist es wirklich so, wie ich denke?"

2. „Angenommen es wäre tatsächlich so: Gibt es andere Möglichkeiten, als übergewichtig zu sein, um das .... zu bekommen oder das .... zu vermeiden?"

Lassen Sie uns hierzu ein Beispiel anschauen: Angenommen, Sie haben aufgeführt:

„Schlecht daran, dünn zu sein, ist, daß andere an meiner Arbeitsstelle mehr von mir erwarten. Sie werden mich ablehnen, weil ich diese Erwartungen nicht erfüllen kann".

Dann müßten Sie Ihre Gedanken folgendermaßen überprüfen:

1. „Ist es wirklich so, daß andere dann mehr von mir erwarten?" „Ist es wirklich so, daß ich diese Erwartungen nicht erfüllen kann?"
„Ist es wirklich so, daß sie mich ablehnen würden?"

128

Die Antwort könnte lauten:

Nein, ich weiß nicht, ob andere dann mehr von mir erwarten. Im Arbeitsvertrag steht nichts dergleichen. Ich weiß nicht, ob ich diese Erwartungen erfüllen könnte oder nicht. Bis jetzt habe ich meine Arbeit immer gut geleistet. Ich weiß auch nicht, ob sie mich ablehnen würden, wenn ich etwas nicht leisten könnte.

Angenommen es wäre so, daß andere mehr von mir erwarten, ich diese Erwartungen nicht erfüllen könnte und sie mich ablehnen würden, wenn ich etwas nicht leisten könnte:

2. „Gibt es andere Möglichkeiten, als übergewichtig zu sein, um die Angst vor Ablehnung zu vermeiden?"

Die Antwort könnte lauten:

Ich brauche mein Übergewicht nicht zu erhalten, nur weil ich Angst vor den Erwartungen und der Ablehnung anderer habe. Ich weiß, wenn andere mich ablehnen, ist das nur ein Ausdruck von deren Erwartungen an mich. Die Ablehnung sagt nichts über mich aus. Ich weiß, daß ich liebenswert bin - auch wenn ich nicht alle Erwartungen anderer erfülle. Ich tue mein Bestes in der Arbeit.

Das ist alles, was ich tun kann. Ich bin nicht auf der Welt, um die Erwartungen anderer zu erfüllen. Wenn ich mein Übergewicht erhalte, nur damit andere eine gute Meinung von mir haben, setze ich deren Meinung über meine Gesundheit. Ich möchte für m i c h abnehmen. Deshalb lehne ich es ab, nur wegen der Zustimmung oder Ablehnung anderer mein Übergewicht zu behalten.

Da die Überprüfung der Gedanken für Sie auf den ersten Blick vielleicht schwierig erscheint, möchte ich noch ein zweites Beispiel anführen: Angenommen Sie haben aufgeführt: „Gut daran, dick zu sein, ist, daß ich meinem Partner damit zeigen kann, daß er nicht über mich bestimmen kann".

Dann müßten Sie Ihren Gedanken folgendermaßen überprüfen:

1. „Ist es wirklich so, daß ich meinem Partner damit zeigen
   kann, daß er nicht über mich bestimmen kann?"

   Die Antwort könnte lauten:
   Nein, durch mein Überessen schade ich nur mir. Mein
   Mann hat nicht meine Beschwerden und auch nicht mein
   Übergewicht. Mein Partner kann nicht über mich bestimmen.
   Deshalb brauche ich ihm auch nicht durch mein Überessen
   beweisen, daß er es nicht kann. Selbst wenn es sein sehnlichster
   Wunsch ist, daß ich abnehme, entscheide ich letztendlich,
   ob ich abnehme oder nicht.

2. „Gibt es andere Möglichkeiten, als übergewichtig zu sein,
   um meinem Partner zu zeigen, daß er nicht über mich
   bestimmen kann?"

   Die Antwort könnte lauten:
   Ja, mein Übergewicht ist kein geeignetes Mittel, mich
   durchzusetzen. Ich kann ihm meine Meinung sagen, wenn ich
   möchte. Ich kann mich entscheiden, das nicht zu tun, was er
   fordert. Ich kann mir einen anderen Partner suchen.

   Überprüfen Sie jeden Vorteil, dick zu sein, und jeden
Nachteil, dünn zu sein, mit Hilfe dieser beiden Fragen.
   Auf diese Art und Weise helfen Sie sich, Ihr Programm
für Ihre Wunschfigur noch zu verfestigen.
   Denken Sie daran, wenn Sie abnehmen wollen, brauchen
Sie mehr und gewichtigere Gründe für Ihr Dünnsein als für
das Dicksein.

Kapitel 11

Meine neuen Ziele

Viele Menschen haben ihr Ziel, abzunehmen, so sehr in den Vordergrund gestellt, daß sie alle anderen Lebensziele aus ihrem Bewußtsein verbannt haben. Sie haben sich die Freude am Leben und am Erlernen neuer Fertigkeiten verboten.

Beginnen Sie sich deshalb jetzt wie ein Natürlich-Dünner zu verhalten, der sich Gewicht und Essen nicht als Mittelpunkt seines Lebens gewählt hat.

Machen Sie sich auf die Suche nach dem, was es für Sie noch Interessantes und Aufregendes im Leben geben könnte.

Tragen Sie in der folgenden Liste ein, welche Ziele Sie angehen möchten. Warten Sie nicht, bis Sie dünn sind, sondern beginnen Sie sofort. Suchen Sie sich aus der Liste ein Ziel aus, mit dessen Erarbeitung sie j e t z t sofort beginnen möchten.

Ziele, die ich in den nächsten 90 Tagen angehen möchte:

in meinem Beruf

1. _____

2. _____

3. _____

in der Partnerschaft

1. _____

2. _____

3. _____

im Haushalt

1. _____

2. _____

3. _____

für meinen Körper

1. _____

2. _____

3. _____

zu meiner Entspannung und Vergnügung

1. _____

2. _____

3. _____

andere Bereiche

1. _____

2. _____

3. _____

Formulieren Sie Ihre Ziele möglichst konkret und genau, damit Sie auch bemerken, wann Sie Ihr Ziel erreicht haben. Achten Sie darauf, daß Sie keine unrealistischen Ziele formulieren.

Sie bestehen nicht nur aus Ihrem Körper, sondern haben einen unendlichen Schatz an Fähigkeiten in sich, den Sie nur entwickeln brauchen.

Da sich ein Ziel aus einer Vielzahl kleiner und kleinster Schrittchen zusammensetzt und Sie bis jetzt nur darin geübt sind, Ihre Handlung nach Erfolg und Mißerfolg zu bewerten, ist die folgende Liste sehr wichtig für Sie.

Tragen Sie in dieser Liste Ihre täglichen kleinen Schrittchen auf dem Weg zu Ihrem Ziel ein. Was zählt, sind Ihre Fortschritte und nicht, ob andere schon weiter oder schneller sind, oder ob Sie schon vor einem halben Jahr hätten anfangen sollen. J e t z t haben Sie begonnen.

Mein Erfolgstagebuch

Datum   Ich habe heute ein Lob verdient und mich wichtig genommen, weil

_____

_____

_____

_____

_____

_____

_____

_____

_____

_____

Führen Sie dieses Erfolgstagebuch für die nächsten 30 Tage. Wenn es Ihnen Spaß macht, legen Sie sich ein eigenes Büchlein an. Später können Sie dann immer einmal wieder nachlesen, wie S i e Ihre Veränderung erreicht haben.

133

Kapitel 12

Mein Durchbruch

Akzeptieren Sie, daß Sie aus guten Gründen dick geworden und aus guten Gründen dick geblieben sind. Vergeben Sie sich Ihre Vergangenheit und entscheiden Sie sich heute für ein neues Reiseziel. Entscheiden Sie sich für das Ziel, natürlich-dünn und glücklich zu sein.

Nehmen Sie Ihr Übergewicht als Herausforderung, sich einen neuen Körper und eine neue Lebenseinstellung zu schaffen. Es gibt nur eine Person in Ihrem Leben, der Sie gefallen müssen - das sind Sie selbst.

Werden Sie nicht dünn für andere, denn dann geben Sie die Verantwortung aus der Hand. Sie wissen niemals sicher, wie andere sich verhalten. Andere können plötzlich ihre Meinung ändern. Und dann gibt es für Sie keinen Grund mehr, dünn zu sein.

Wenn Sie für andere dünn werden, können Sie Ihren Mißerfolg auch damit entschuldigen, daß andere sich nicht so verhalten haben, wie Sie wollten.

Der Körper, den Sie schaffen, gehört Ihnen ganz allein.

Wenn Sie ihn für sich erschaffen, werden Sie einen größeren Ansporn haben. Nichts wird Sie davon abhalten können, Ihren Körper nach Ihren Vorstellungen zu formen. Sie sind der Bildhauer.

Schaffen Sie sich zunächst Ihre Wunschfigur in Ihrem Kopf. Sie verwirklichen Ihr Wunschbild nicht, weil Sie müssen oder weil Sie schlecht sind, wenn Sie es nicht tun. Sie tun es, weil Sie es w o l l e n. Die Schaffung Ihres Wunschbildes ist ein Ausdruck davon, wie wichtig Sie sich sind.

Sie arbeiten auf ein positives Ziel, Ihre Wunschfigur hin, anstatt ein negatives (Ihr Übergewicht) zu vermeiden. Sie schaffen sich Ihren Körper, der auf IHRE ureigensten Bedürfnisse zugeschnitten ist.

Sie tun es für sich selbst und nicht für andere. Deshalb wird Ihr Erfolg dauerhaft sein und Sie werden ihn genießen.

Geben Sie sich das Geschenk, dünn und glücklich zu sein. Sie brauchen sich nicht mehr ständig um Ihr Gewicht zu sorgen, nach neuen Diäten zu suchen, sich wegen Ihres Gewichts zu verurteilen, sich von Aktivitäten wegen des Gewichts zurückzuhalten, sich Versager zu schimpfen, sich selbst zu kasteien. Sie haben die Gabe, sich selbst zu beschenken, wenn Sie bereit dazu sind.

Wann haben Sie sich das letzte Mal ein Geschenk gemacht? Sie brauchen dazu keinen bestimmten Grund zu haben oder erst eine bestimmte Leistung zu vollbringen. Es muß auch kein teures Geschenk sein. Ein Geschenk kann ein Blumenstrauß, ein schönes Bad, ein paar Stunden etwas zu lesen, eine schöne Musik zu hören, sein. Es soll ausdrücken, daß Sie sich selbst wichtig nehmen und als liebenswert ansehen.

Sie brauchen die Einstellung, daß Sie Gutes verdienen, wenn Sie sich mit einem dünnen Körper beschenken wollen. Wenn Sie darauf warten, daß Sie sich fühlen, als ob Sie Gutes verdienen, ehe Sie sich etwas Gutes tun, warten Sie vergebens. Zunächst benötigen Sie die neue Einstellung, daß Sie liebenswert sind und Schönes verdienen. Dann müssen Sie sich danach verhalten und sich kleine Komplimente und Geschenke machen. Und erst mit der Zeit werden Sie spüren, daß es ,,richtig' ist, wenn Sie sich so behandeln.

Erfolgreiche Leistungen und Ereignisse bringen Ihnen von alleine keine Zufriedenheit. Sie können jetzt Zufriedenheit wählen und trotzdem weitere Ziele anstreben.

Klopfen Sie sich auf die Schulter und sagen Sie sich: „Ich habe es verdient, glücklich zu sein". Geben Sie sich jetzt schon das Gefühl, das Leben eines Natürlich-Dünnen zu genießen und zufrieden zu sein. Sagen Sie sich:

> „Von diesem Augenblick an bin ich eine natürlich-dünne Person. Ich denke, fühle und verhalte mich wie ein Natürlich-Dünner, gleichgültig was auch geschieht. Ich erlaube mir, jetzt schon dünn zu sein".

Lassen Sie sich kein Hintertürchen offen, indem Sie sich denken: „Ich versuche es eine Woche lang und schaue, ob es funktioniert". Dann lassen Sie sich eine Entschuldigung für den Mißerfolg zu. Sie sind der Einzige, der es tun kann und muß.

Seien Sie geduldig mit sich. Erwarten Sie nicht, daß Sie morgen früh aufwachen und alles wissen, was Sie benötigen, um ein natürlich-dünner Mensch zu sein.

Geben Sie sich Zeit und Raum für Rückschläge. Der Weg zum Natürlich-Dünnen hat Stolpersteine.

Es kann sein, daß sich Ihre Umwelt Ihnen gegenüber plötzlich anders verhält. Häufig versucht die Umwelt auch, Sie zu boykottieren.

Sie versteht vielleicht nicht, daß Sie auf einmal alles essen, was Sie möchten, ohne in ‚du-darfst' und ‚du darfst nicht'-Kategorien einzuteilen.

Wenn Sie möchten, können Sie anderen erklären, wie Natürlich-Dünne essen. Möglicherweise werden sie es dennoch nicht verstehen. Einige Menschen finden, daß Leiden und Verzicht zur Gewichtsabnahme gehören. Sie denken, daß sie besser wissen, was für Sie richtig ist. Sie denken, daß Sie nicht essen können, was Sie wollen, und trotzdem abnehmen.

Sie vergessen dabei aber, daß Sie nur essen, wenn Sie hungrig sind, und aufhören, wenn der Hunger gestillt ist.

Sie brauchen diese Menschen nicht zu überzeugen. Das ist nur deren Meinung. Es genügt, wenn Sie wissen, weshalb Sie sich so verhalten.

Gleichgültig, ob andere Sie verstehen oder nicht, können Sie ihnen mitteilen, welche Unterstützung Sie von ihnen wünschen.

Möchten Sie, daß andere Sie loben, wenn Sie sich wie ein Natürlich-Dünner verhalten? Möchten Sie, daß andere überhaupt zu Ihrer Ernährung schweigen? Möchten Sie häufiger oder gar nicht in ein Restaurant essen gehen? Möchten Sie alleine essen? Möchten Sie, daß andere dieses Buch lesen? Teilen Sie es den anderen mit. Wenn Sie von anderen nicht die gewünschte Unterstützung bekommen, liegt es an Ihnen, sich zu entscheiden, ob Sie weiterhin mit diesen Menschen zusammenkommen möchten.

Was für Sie zählt, ist, das Leben eines Natürlich-Dünnen zu leben.

1. Sie essen dann, wenn Sie wirklich körperlichen Hunger haben. Sie essen nicht, wenn Sie ein seelisches Verlangen haben, sondern schauen nach, welche Einstellung Sie zu diesen Gefühlen gebracht hat. Akzeptieren Sie Ihre Gefühle als von Ihnen geschaffen und entscheiden Sie sich, ob Sie diese verändern oder ausdrücken wollen.

2. Wenn Sie körperlichen Hunger haben, fragen Sie sich, worauf Sie Lust haben. Was möchten Sie am liebsten? Dann essen Sie genau das. Wenn Sie sich Essen verbieten, denken Sie wie ein Übergewichtiger.

3. Sie essen bewußt.

4. Sie hören auf, wenn Sie gesättigt sind

137

Das Leben eines Natürlich-Dünnen zu leben, bedeutet, sein Leben zu genießen und die ständige Beschäftigung mit dem Essen aufzugeben.

Der Natürlich-Dünne weiß, daß er sich und seinem Körper vertrauen kann. Er weiß, daß er liebenswert ist, so wie er ist, und ist bereit, sich in jedem Moment zu akzeptieren.

Nachwort

Liebe Leserin, lieber Leser,

vielen Dank dafür, daß Sie mit mir diese Reise unternommen haben. Jetzt ist die Zeit gekommen, uns zu verabschieden. Ich habe Ihnen alles gegeben, was Sie benötigen, um Ihr neues Reiseziel zu erreichen - Ihr dauerhaftes Wunschgewicht, mehr Freude und innere Harmonie.

Packen Sie dieses Buch als Reiseführer in Ihr Gepäck. Benutzen Sie den Reiseführer, um sich auf der Weiterreise zurechtzufinden, denn Sie werden sich ab und zu verlaufen.

Lesen Sie in ihm und bereiten Sie sich täglich auf Ihre Exkursionen vor. Sie haben alle Fähigkeiten und Kenntnisse, um sich alleine zurechtzufinden.

Haben Sie Vertrauen in sich. Sie werden es schaffen. Sie haben sich diese schöne Reise verdient.

Ich wünsche Ihnen viel Erfolg, Freude und neue, aufregende Erfahrungen mit sich selbst.

Therapeuten, die nach der in diesem Buch beschriebenen Therapiemethode arbeiten

Wenn kein Therapeut in Ihrer Nähe aufgeführt ist, dann schreiben Sie bitte Frau Dr. Wolf. Sie wird versuchen, Ihnen weiterzuhelfen.

13125 Berlin, Bahnhofstr. 17, Dipl.-Psych. Dr. Rainer Gerlach
13351 Berlin, Togostr. 78, Dipl.-Psych. Günther Renkl
14055 Berlin, Kühler Weg 11, Dipl.-Psych. Marita Warner
26506 Norden-Norddeich, Norddeicher Str. 225, Dipl.-Psych. Dorothee Ahlheim
28205 Bremen, Treseburger Str. 15, Dipl.-Psych. Christof T. Eschenröder
31812 Bad Pyrmont, Löwenser Str. 27, Dipl.-Psych. Gerhard Kiehl
32756 Detmold, Allee 9, Dipl.-Psych. Kurt A. Richter
34131 Kassel, Sachsenstr. 4, Dipl.-Psych. Dr. Elmar Hewer
34260 Kaufungen, Höhenweg 14, Dipl.-Psych. Thomas Bühler
37085 Göttingen, Frieseweg 6, Dipl.-Psych. Petra Jacobi
40699 Erkrath, Fröbelstr. 2, Dipl.-Psych. Carola Crone
41515 Grevenbroich, Deutsch-Ritter-Allee 44, Dipl.-Psych. Horst Zimmermann
42103 Wuppertal, Schwanenstr. 26, Dipl.-Psych. Reiner Ulsmann
44797 Bochum, Libellenweg 36, Dipl.-Psych. Mareike L. Hoese
45770 Marl, Kamphoffstr. 9, Dipl.-Psych. Ralf Gravemeier
50670 Köln, Sudermanstr. 10, Dipl.-Psych. Konrad P. Becker
50931 Köln, Wüllnerstr. 117, Dipl.-Psych. Dr. Renate Bresgen-Beuchelt
55116 Mainz, Bahnhofstr. 2c, Dipl.-Psych. Margarete Rosenkaimer
59555 Lippstadt, Am Nordbahnhof 20, Dipl.-Psych. Dr. Hans-Ulrich Dombrowski
61476 Kronberg, Königsteiner Str. 18c, Dipl.-Psych. Ingeborg Fleischmann
64287 Darmstadt, Spessartring 11, Dipl.-Psych. Bettina Blume-Kusuma
64289 Darmstadt, Schloßgartenstr. 49, Dipl.-Psych. Christel Prümm
65183 Wiesbaden, An der alten Synagoge 6-8, Dipl.-Psych. Achim Werwie
65185 Wiesbaden, Kaiser-Friedrich Ring 39, Dipl.-Psych. Insa Holzapfel-Glanzmann
65812 Bad Soden, Kelkheimer Str. 58, Dipl.-Psych. Manfred Burkart
68165 Mannheim, Am Ob. Luisenpark 33, Dipl.-Psych. Dr. Doris Wolf
69427 Mudau, Klinik Schloß Waldleiningen, Dipl.-Psych. Gerd Eifflaender
70794 Filderstadt, Hermann-Löns-Weg 2, Dipl.-Psych. E. Borchardt und P. Martz
70736 Fellbach, Christofstr. 4, Dipl.-Psych. Johannes P. Austermeier
72074 Tübingen, Stauffenbergstr. 26, Dipl.-Psych. Rudolf Klimitsch
73760 Ostfildern, Moltkestr. 7, Dipl.-Psych. Cornelia Harthan
74547 Kupfer, Kastanienhof, Dürräckerweg 8, Dipl.-Psych. Peter Hempel
97072 Würzburg, Sanderglacisstr. 1, Dipl.-Psych. Dieter Schwartz

Diese Broschüre stellt die verschiedenen Formen von Eßstörungen dar, fragt nach deren Ursachen und gibt Informationen über Hilfsmöglichkeiten, wichtige Anschriften von Beratungsstellen und Selbsthilfegruppen und ein aktuelles Literaturverzeichnis.

Eßstörungen
32 Seiten, DM 2,80

Bestellungen bitte an:
NICOL-Verlag
Frau Schaefer
Kurt-Schumacher Str. 2, 34117 Kassel